LÍNGUA DAS MÃOS

Pe. EUGÊNIO OATES, C.Ss.R.

LÍNGUA DAS MÃOS

Com adaptação e atualização
de Simone Vecchio

Direção Editorial:	Pe. Fábio Evaristo R. Silva, C.Ss.R.
Conselho Editorial:	Pe. Ferdinando Mancilio, C.Ss.R.
	Pe. Marlos Aurélio, C.Ss.R.
	Pe. Mauro Vilela, C.Ss.R.
	Pe. Victor Hugo Lapenta, C.Ss.R.
	Avelino Grassi
Coordenação Editorial:	Ana Lúcia de Castro Leite
Copidesque:	Cristina Nunes
Revisão:	Luana Galvão
Diagramação e Capa:	Mauricio Pereira
Fotos:	Erasmo Ballot

Dados Internacionais de Catalogação na Publicação (CIP)
(Câmara Brasileira do Livro, SP, Brasil)

Oates, Eugênio
　Língua das mãos/ Eugênio Oates; com adaptação e atualização de Simone Vecchio. – Aparecida, SP: Editora Santuário, 2017.

　ISBN 978-85-369-0457-3

　1. Língua Brasileira de Sinais 2. Língua de sinais I. Vecchio, Simone. II. Título.

16-06432　　　　　　　　　　　　　　　　　　　　　　　　CDD-419

Índices para catálogo sistemático:

1. Deficientes auditivos: Língua de sinais 419

22ª impressão

Todos os direitos reservados à **EDITORA SANTUÁRIO** – 2024

Rua Pe. Claro Monteiro, 342 – 12570-045 – Aparecida-SP
Tel.: 12 3104-2000 – Televendas: 0800 - 0 16 00 04
www.editorasantuario.com.br
vendas@editorasantuario.com.br

Agradecimentos

Em outubro de 2014, recebi o convite da Editora Santuário para atualizar o livro do padre Eugênio Oates, "Linguagem das Mãos", cuja primeira edição data de 1969, sendo o segundo livro de Libras editado no Brasil.

Como estudiosa e apaixonada pela sinalização e cultura surda, já havia pesquisado Oates e sua obra, reconhecendo sua importância para a comunidade Surda e a Língua Brasileira de Sinais – Libras.

Esta nova edição atualizada e revisada, com novo título, seguindo as atuais normas legais, que denominam Língua de Sinais, mantém o mesmo padrão das edições antigas de Oates, em que temos a foto do sinal, seguida de sua descrição, feita de maneira simples, facilitando o aprendizado de qualquer pessoa, estudiosa ou leiga, que se interesse por Libras. Foram mantidos a apresentação, as palavras do então diretor do INES – Instituto Nacional de Educação para Surdos – e o prefácio do autor da versão original, no intuito de não descaracterizar a brilhante obra de padre Oates.

Aproveito este espaço para agradecer acima de tudo a Deus o presente de reescrever esta obra, pois compartilho dos mesmos sonhos e do mesmo carinho para com os surdos que o autor da obra original.

Ao amigo Rauf di Carli, que, sendo surdo, segundo Oates, "(...) fala com as mãos e ouve com os olhos (...)"[1], posou para as fotos desta edição atualizando as imagens. Obrigada por aceitar meu convite para este trabalho e partilhar seu conhecimento.

À amiga *CODA*[2], Flávia Lotufo Pinto, filha de pais surdos – Flávio Pinto e Cristina Lotufo – e dona de uma humildade que poucos têm, que sempre esteve a meu lado, pronta para me fazer evoluir, levando-me a perceber o "jeito surdo" de sinalizar e me ajudando a vencer meus limites, para cada dia melhorar, superar-me, acreditar em mim, em minhas mãos. Flávia, voluntariamente, foi revisora desta atualização, pois foi uma forma de homenagear seu pai, que, quando jovem, conheceu padre Oates e tem grande admiração por ele.

---

[1] Oates, 1969.

[2] CODA (Child of Deaf Adults): filhos ouvintes de pais surdos.

Ao Flávio e a seus amigos Antônio e Francisco, alunos do INES, criadores do sinal da cidade de Taubaté.

Não poderia deixar de mencionar minha mãe, minhas irmãs, meu esposo – Guilherme Mamede –, minhas filhas – Isabella e Bruna –, que entenderam minha ausência nesse período, sempre enfatizando que a qualidade do nosso tempo era mais importante que sua quantidade e valorizando cada olhar por cima do notebook.

A meu paizinho – Fio –, a minha vozinha – Xepa – e a minha madrinha – Célia –, que ao lado de Deus torcem por mim e me dão forças para seguir meu trabalho com dedicação.

Aos amigos que, sendo muitos, não citarei os nomes, para não ter perigo de esquecer alguém. Sem vocês, eu nada seria. Obrigada por acreditarem em mim.

Simone Vecchio
Pedagoga, especialista em Libras,
atua como *Tils* e professora de Libras.
Mestranda em Desenvolvimento Humano

Apresentação desta Edição

Língua das Mãos, da Editora Santuário, é uma referência para a aprendizagem da Libras no Brasil.

O livro *Iconographia dos Signaes dos Surdos-Mudos*, de 1875, foi pioneiro em registrar a Língua de sinais no Brasil. Lembrando que ele foi redesenhado a partir do dicionário da Língua de Sinais Francesa, por Flausino José da Gama, aluno surdo do Instituto Nacional de Educação de Surdos, que teve forte influência na Libras – A Língua Brasileira de Sinais, assim denominada atualmente.

Cronologicamente, este livro *Língua das Mãos* é oficialmente o segundo "dicionário" de Libras publicado em abrangência nacional. Esta nova edição, com todo o potencial da modalidade fotográfica, apresenta um rico detalhamento sobre o uso dos sinais determinados, fonologicamente, por letras de alfabeto manual e de movimentos de modo fotográfico.

Ressaltamos que o livro é bem estruturado e categorizado em seus capítulos. Apresenta os sinais que mudaram drasticamente para os dias de hoje e outros que permanecem inalterados. Nesse ponto é importante recordar que, como qualquer língua, o dicionário mantém o registro para fomentar novas pesquisas em várias áreas como a linguística, a sociolinguística e, inclusive, a educação em que o ensino de Libras, como primeira língua, é para pessoas surdas e a segunda língua, para ouvintes.

Por falar nessas áreas, a Libras já conquistou o espaço entre crianças e jovens surdos permitindo que a língua esteja viva, desenvolvendo o uso dela em toda a comunidade surda, criando o movimento de luta das pessoas surdas para a legitimação da Libras na comunidade surda brasileira.

A Libras também ganhou notoriedade na legislação, como no caso da Lei de Libras n. 10.436/02, que a reconhece como a língua de sinais da pessoa surda. Após sancionar a lei, veio o decreto n. 5.626/05, que determina a difusão da Libras no espaço acadêmico, fortalecendo o uso dela e promovendo a inclusão da pessoa surda na sociedade.

Depois de treze anos do reconhecimento da Libras, o conteúdo do livro *Língua das Mãos* permanece resgatando as memórias dos sinais registrados. Nesta nova edição, esperamos que o leitor desfrute e contemple a Libras de maneira que possa ampliar os estudos linguísticos e históricos da língua de sinais.

Fabíola de Vasconcelos Saudan – Intérprete/Tradutora de Libras do Instituto Nacional de Educação de Surdos – INES

Lenildo Lima de Souza – Intérprete/Tradutor de Libras do Instituto Nacional de Educação de Surdos – INES

Maria Inês Batista Barbosa Ramos – Fonoaudióloga do Instituto Nacional de Educação de Surdos – INES

Valdo Ribeiro Resende da Nóbrega – Prof. de LIBRAS da UFPB; Licenciado em Letras-LIBRAS pela UFSC; Especialista em Educação de Surdos no Instituto Nacional de Educação de Surdos – INES

Palavras do Exmo. Sr. Diretor do Instituto Nacional de Educação de Surdos (na 1ª Edição)

O padre Eugênio Oates, pertencente à Congregação Redentorista, está no Brasil desde 1946 como Missionário, tendo vindo dos Estados Unidos da América para prestar serviços aos mais necessitados.

Começou seu trabalho na Amazônia e já correu todo o nosso grande país, tendo se integrado de tal forma no Brasil, que o considera como sua segunda pátria.

O padre Eugênio Oates passou a se interessar muito pelo problema dos surdos, estudando o meio de comunicação natural que, existe entre eles. Procurou comunicar-se com muitos surdos e verificou que, em cada região do país, usam códigos de sinais diferentes, dificultando que um surdo da região norte se entenda bem com um companheiro do sul. Com o presente trabalho, o padre apresenta um código de sinais, após longa e exaustiva experiência.

Considera padre E. Oates que o melhor meio de comunicação entre os surdos deve ser a língua oral, ensinada pelos professores do Instituto Nacional de Educação de Surdos. Levando-se em conta, contudo, que muitos surdos nunca tiveram oportunidade de frequentar escolas, torna-se necessário um meio de comunicação para que se façam entender.

Muito louvável e benemérita iniciativa deste homem extraordinário que é o padre Eugênio Oates.

Que esta cuidadosa obra venha preencher uma lacuna existente em nosso meio.

Dr. Murillo Rodrigues Campello
Diretor do INES

Apresentação da 1ª Edição

Honrado com o convite do amigo padre Eugênio para apresentar este livro aos irmãos surdos, expresso, primeiramente, os melhores sentimentos de admiração e de gratidão por seus altos propósitos de ajudar os surdos em sua comunicação.

Passando aos trabalhos do padre Eugênio, posso asseverar que foram feitos com a preocupação de dar a todos os surdos brasileiros a grande felicidade de poderem viver unidos entre si, por meio de compreensão mútua. É este volume o resultado da união de linguagens de sinais usadas em vários ambientes do Brasil.

Antes de organizar este dicionário de sinais, o nosso amigo, padre Eugênio, realizou exaustivas pesquisas pelo território nacional, colecionando gestos nos lugares onde conviveu com os surdos.

Os sinais escolhidos e colocados neste manual resultaram do número maior de gestos parecidos. Alguns sinais que não existem no Brasil, e presentes neste livro, visaram completar e dar a exata expressão do pensamento.

Não houve escolha dos sinais com desejo de agradar mais a um grupo de surdos que a outro. A escolha foi feita cuidadosamente e após acurados estudos. Houve, também, consultas a surdos e a professores mais conhecedores da linguagem gestual.

Este livro levou muito tempo para ser elaborado. Entretanto, ninguém pensou, nem pensa que é o último trabalho do gênero. É apenas o começo de outros trabalhos e de esforços de todos, para formar, futuramente, um livro mais completo sobre o assunto.

Um sonho dos surdos no mundo inteiro é que apareça no futuro um livro internacional de códigos de sinais. Já houve tentativas para organizar tal livro e há esperanças de que, muito em breve, tal esforço venha a ser concretizado.

Espero que este livro preste aos surdos os serviços que os elevados sentimentos de solidariedade humana ditaram a seu autor.

Padre Vicente de Paulo Penido Burnier
(1921 – 2009)

Primeiro padre surdo da América Latina ordenado em 1951,
em Juiz de Fora MG
Com o Pe. Oates foi um dos pioneiros no trabalho
com Surdos no país

Prefácio do Autor

A língua de gestos, de sinais é basicamente uma língua natural e universal. É o primeiro idioma que aprendemos nos braços de nossa mãe. Durante toda a vida, usamos as mãos fazendo gestos e sinais para expressar nossas ideias com mais ênfase e clareza, e tal hábito é tão natural como chorar ou rir.

No mundo silencioso dos surdos, vemos a grande necessidade e utilidade da língua dos sinais. Por meio de gestos, uma criança surda começa a compreender as coisas. É o início do caminho longo e árduo para tal criança ser finalmente uma "surda-falante". O surdo que não consegue falar, por uma razão ou outra, chama-se "surdo-mudo", mas, mesmo assim, "fala" com as mãos e "ouve" com os olhos. Suas mãos pintam quadros de seus pensamentos ou ideias. Mesmo quando não existe sinal de certa palavra, o surdo-mudo pode transmitir essa palavra parafraseando-a com outro sinal ou usando o alfabeto manual.

A beleza da língua falada depende muito da articulação e do tom da voz. Igualmente, a beleza da língua de sinais depende do movimento rítmico das mãos e da maneira de se expressar as ideias. Movimentos desnecessários e expressões faciais exageradas devem ser evitados. Os gestos devem ser feitos suavemente e com certa calma e continuidade.

É certo que, por outro lado, podem e devem ser usadas expressões faciais que ajudam a comunicação da palavra: um olhar interrogativo no caso de uma pergunta, um olhar alegre para demonstrar alegria ou um olhar triste para expressar uma tristeza.

Certos sinais, entretanto, fazem-se com mais força e rapidez para melhor acentuar a ideia. Assim, colocar levemente o indicador da mão direita em letra "D" nos lábios significa: "silêncio", e o mesmo gesto, feito com rapidez e olhar de reprovação, significa: "cale a boca!"

A língua de sinais constitui uma comunicação relâmpago. Para se dizer, por exemplo: "Você pretende ir à festa hoje à noite?", o surdo-mudo, em três sinais, diz a mesma coisa mais resumidamente: "Vai festa noite?" Do mesmo modo, indica-se a profissão de alguém em frases relâmpagos, fazendo-se os sinais do verbo ou do substantivo que identificam a profissão e, a seguir, fazendo-se o sinal de "homem" ou o sinal de "mulher". Assim "alfaiate" faz-se o sinal de "costurar" e o sinal de "homem", que quer dizer: "homem costurar", que significa "alfaiate"; e "cozinheira", faz-se o sinal de "cozinhar" e o sinal de "mulher", que quer dizer "mulher cozinhar", que, finalmente, significa "cozinheira".

No decorrer da leitura deste livro, o leitor notará que algumas palavras têm como sinônimo outras, cujo significado não tem rigorosa correspondência à palavra principal. Gostaria, pois, de esclarecer que, na língua dos surdos-mudos, recorre-se à expressão manual para, com um único sinal, dizer-se várias palavras, isto é, o gesto é o mesmo com vários significados, conforme a frase, a ideia ou a maneira de expressão.

Como exemplo, posso citar a palavra velho em que aparecem os sinônimos "antiquado", "obsoleto", "muito usado". Conquanto o seu sentido, às vezes, possa guardar certa distância, o sinal, na língua de sinais, é único, pois tanto vale o mesmo sinal para se dizer "carro velho", "móvel obsoleto", "casa dos velhos" como para se dizer "pessoa idosa", "velhinho", ou "sapato muito usado". O sinal é o mesmo para vários significados, vários sentidos.

Da mesma forma, vale a explicação para a palavra paciência em que aparecem os sinônimos "aguentar", "sofredor" e "conformado".

Sempre se pode, também, recorrer à soletração de uma palavra. É muito aconselhável soletrar devagar, formando as letras com nitidez. Entre as palavras soletradas é melhor fazer uma pausa curta ou mover a mão direita aberta para o lado esquerdo, como se estivesse empurrando a palavra já soletrada para o lado.

Na língua falada há regionalismo no Brasil, isto é, certas palavras são mais usadas em uma região do que em outras. A mesma palavra também pode variar em sua pronúncia de região para região. Os surdos adultos, egressos das escolas ou como membros de associações e clubes esportivos, sabem que existe "regionalismo" na língua de sinais do Brasil. Há sinônimos de uma palavra falada. Há, também, sinônimos de sinais, isto é, um jeito pouco diferente para fazer o gesto da mesma palavra.

Com o auxílio de muitos surdos, peritos nesta língua das mãos, estou apresentando neste livro um vocabulário funcional de sinais, que entendo ser mais significativo da ideia ou da palavra.

O objetivo principal deste manual é, simplesmente, ajudar os surdos-mudos brasileiros a terem um melhor entrosamento na sociedade e um melhoramento contínuo em sua vida social, educacional, recreativa, econômica e religiosa. É, também, minha esperança que o livro seja útil a todos aqueles que têm contato com os surdos.

Muitos surdos-mudos, surdos-falantes e pessoas ouvintes auxiliaram-me na confecção desta obra e encorajaram-me a publicá-la em prol dos surdos. Aprecio especialmente a colaboração valiosa e constante de meu amigo surdo, padre Vicente de Paulo Penido Burnier. A ele e a todos estendo meus sinceros agradecimentos. Deus lhes pague!

No Evangelho segundo São Marcos (7,31-37), constatamos como Jesus, certo dia, comunicou-se com um surdo-mudo por meio de gestos ou sinais quando, olhando para o céu, tocou-lhe a língua e os ouvidos e disse-lhe: "ÉFE-TA!", isto é, "ABRE-TE!". Abriram-se imediatamente seus ouvidos e soltou-se o nó de sua língua e falava corretamente.

Oxalá este livro seja para os surdos-mudos um eco distante daquela palavra milagrosa do Divino Mestre: "ÉFETA!".

Eugênio Oates, C.Ss.R.

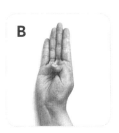
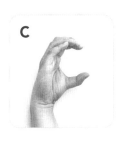

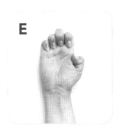

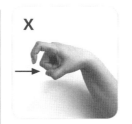
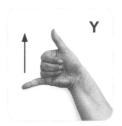

Números Cardinais
Fazer o sinal do número como se vê na foto.

MIL

MILHÃO

Números Ordinais
Fazer o sinal do número como se vê na foto.

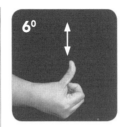
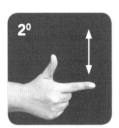

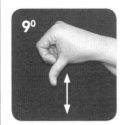

Números Quantitativos
Fazer o sinal do número como se vê na foto.

VERBOS

1. PRESENTE – Usar o pronome pessoal (p. 291ss.) e o infinitivo do verbo.

2. PASSADO – Usar o pronome pessoal (p. 291ss.), fazer o sinal relativo ao tempo passado (p. 211) e ao infinitivo do verbo.

3. FUTURO – Usar o pronome pessoal (p. 291ss.), fazer o sinal relativo ao tempo futuro (p. 212) e ao infinitivo do verbo.

ABAIXAR

Baixar um pouco a mão direita aberta para o lado da cintura.

ABANDONAR

Mãos abertas, uma palma de frente para a outra na frente do corpo. Unir os dedos médio e polegar pelas pontas. Levar as mãos para frente enquanto desune o dedo médio do dedo polegar e inclina a mão. Simular jogar algo.

ABENÇOAR

Mãos configuradas em "A", posicionadas ao lado da boca, as palmas para baixo. Descer as mãos, abrindo-as.

ABRIR

Mãos abertas unidas, palmas para fora. Afastá-las para os lados opostos, virando as palmas para dentro.

ACABAR

As duas mãos abertas, uma palma de frente para a outra, dedos médios e polegares unidos pelas pontas, na frente do corpo. Mover para dentro enquanto desune os dedos médios e polegares cruzando os pulsos.

ACENDER (Luz)

Colocar a mão direita em forma da letra "S" diante da face, palma para baixo, e depois distender os dedos.

ACHAR (Encontrar)

Mãos em "D" na posição da foto. Aproximar até as mãos se tocarem.

ACHAR (Pensar, supor)

Mão direita aberta, posicionada ao lado direito da têmpora, dedo médio estendido, palma para esquerda. Movimentar a mão ao encontro da têmpora até que o dedo médio toque-a.

ACOMPANHAR

Mãos fechadas, posicionadas em frente do corpo, uma palma de frente para outra, dedos das mãos unidos. Movimentar para frente.

ACONSELHAR

Mão esquerda em forma da letra "B" e a mão direita em "C", em posição horizontal. Mover a mão direita sobre a esquerda, de dentro para fora, virando a mão direita ligeiramente para cima pelo pulso.

ACONTECER

Mão direita aberta, posicionada ao lado direito da cabeça, palma para frente. Girar a palma da mão direita para trás.

ACORDAR

Mão direita fechada, posicionada na frente do olho direito. Abrir os olhos e a mão direita em "L".

ACUSAR

Mão direita em "4". Colocar a ponta do indicador no nariz e mover a mão para frente.

ADIVINHAR

Mão direita em "1", posicionada acima da sobrancelha direita, palma para dentro. Levar o dedo para cima e para frente, fazendo expressão facial positiva.

ADMIRAR

Mão direita em "4" posicionada, na ponta do nariz, palma para esquerda. Arregalar os olhos e abrir a boca.

ADORAR

As duas mãos em "S", posicionadas na altura do ombro, uma de frente para a outra. Balançar as mãos, fazendo expressão facial positiva.

ADULAR

Mão esquerda fechada, palma para baixo. Mão direita aberta, acariciando a mão esquerda.

AFASTAR

As duas mãos abertas, posicionadas na frente do corpo, com os dedos unidos, dorso com dorso. Afastar uma mão da outra, levando a mão esquerda para frente.

AFIAR (Amolar)

Mão direita em forma da letra "U", a mão esquerda em "D", em posição horizontal. Movimentar ora um lado do dedo médio da mão direita, ora outro lado, sobre o dorso do indicador esquerdo, simulando alguém afiando uma faca.

AFOGAR

As duas mãos abertas, posicionadas na altura da cabeça, dedos unidos, apenas o dedo polegar afastado, palmas para baixo. Mexer as mãos para cima e para baixo, simulando estar se afogando, arregalar os olhos e abrir a boca.

AGRADECER

Mão direita aberta, dedos unidos, palma para dentro. Tocar os dedos da mão direita na testa. Subir a mão direita.

AJOELHAR

Mão direita em "5", ajoelhando na palma esquerda.

AJUDAR

Mãos abertas, dedos unidos. Mão direita com a palma para frente, mão esquerda com a palma para baixo. Colocar o pulso direito sobre o dorso da mão esquerda. Movimentar para frente.

ALMOÇAR

Fazer os sinais de COMER (p. 42) e MEIO-DIA (p. 209).

ALUGAR

Mão esquerda em "1", palma para o lado direto, dedo indicador apontando para frente. Mão direita em "A" sobre a base no dorso do dedo indicador da mão esquerda. Abrir em L escorregando em direção à ponta.

AMAR

Mão direita em "C", posicionada na frente do coração, palma para a esquerda, fechá-la em "S", fazendo expressão facial positiva.

AMOLAR (Incomodar)

Mover a beira da mão direita aberta várias vezes, sobre a palma da mão esquerda, em movimento para a frente e para dentro, virando e inclinando um pouco a mão direita ao mesmo tempo.

ANDAR

Mover para a frente a mão direita em "V" invertido, movimentando os dois dedos alternadamente.

ANTECIPAR

Mão esquerda aberta, posicionada na frente do corpo, palma para a direita. Mão direita em "L", palma para baixo, com a ponta do polegar tocando o centro da palma da mão esquerda. Girar o "L" para cima.

APAGAR

Colocar a mão direita diante da face, palma para baixo, dedos distendidos. Elevar a mão ligeiramente, fechando-a em forma da letra "S".

APARECER

Mão esquerda em forma da letra "O", em posição horizontal, palma para a direita. Passar a mão e o antebraço direitos por dentro da mão esquerda, de baixo para cima, abrindo os dedos direitos diante da face ao mesmo tempo.

APLAUDIR

As duas mãos abertas, palmas para frente, uma de cada lado da cabeça. Girar os pulsos várias vezes simultaneamente.

APOSTAR

Mãos configuradas em "1", posicionadas verticalmente em frente ao corpo, palmas para dentro. Descê-las de modo que fiquem posicionadas horizontalmente.

APRENDER

Colocar a mão direita em "C" no alto da testa, palma à esquerda, e fechá-la em "S", fazendo esse movimento duas vezes.

APRESENTAR (Mostrar)

Mão esquerda aberta, palma para frente, dedos apontando para cima. Mão direita em "1", com a ponta do dedo indicador tocando o centro da palma esquerda. Levar as mãos juntas para frente.

ARAR

As duas mãos em "X", posicionadas do lado esquerdo do corpo, na altura da cintura, palmas para baixo, uma um pouco mais à frente que a outra. Levar as mãos ao mesmo tempo para frente, para baixo e para junto do corpo.

ARRASTAR

Mão direita aberta fechando em "S". Simular segurar uma corda e puxar com força. Boca semicerrada.

ASSOBIAR

Unir as pontas dos dedos indicador e polegar da mão direita, diante da boca, e simular alguém assobiando.

ASSUSTAR

Bater as mãos abertas sobre o peito, levando-as para cima.

ATIRAR

Simular alguém apertando o gatilho de um revólver com o indicador direito.

ATRASAR

Mão esquerda aberta, posicionada na frente do corpo, palma para a direta. Mão direita em "L", palma para frente, com a ponta do polegar tocando o centro da palma da mão esquerda. Girar o "L" para baixo.

AUMENTAR

As duas mãos abertas, posicionadas na frente do corpo, com uma palma unida à outra. Abrir as mãos para fora.

AVISAR

Mão direita configurada em "Y", palma para esquerda, ponta do polegar posicionada no queixo. Mover a mão para frente.

BATER

Com a mão direita em "S", bater na palma da mão esquerda.

BATIZAR

Mão direita, com todos os dedos unidos, perto da testa, subindo, levemente.

BEBER

Mão direita configurada em "A", com o polegar distendido, posicionada horizontalmente na frente da boca, palma para esquerda. Movimentá-la até a boca duas vezes.

BEBER NO COPO

Mão direita configurada em "C", posicionada horizontalmente, na frente da boca; palma para esquerda. Movimentá-la até a boca e simular beber algo.

BEIJAR

Mão direita, posicionada na bochecha, com todos os dedos unidos, palma para a esquerda.

BLASFEMAR

Mão direita em "A", palma para esquerda, ao lado da bochecha do lado direito. Descer a mão abrindo-a em "L" com ênfase. Expressão facial negativa.

BRIGAR

As duas mãos abertas, posicionadas na frente do corpo, dedos separados e levemente curvados, palmas para dentro, uma de frente para a outra, bem próximas. Abrir e fechar os dedos, encher as bochechas de ar e franzir as sobrancelhas.

BRILHAR

Elevar a mão direita diagonalmente, oscilando os dedos ao mesmo tempo.

BRINCAR

As duas mãos em "Y", na frente do corpo, palmas para trás. Circular em movimentos alternados para frente.

CAIR

Mão direita em "V" invertido sobre a palma esquerda. Virar a mão direita ligeiramente, ficando a palma para cima.

CANSAR

As duas mãos abertas, posicionadas na frente dos peitos; dedos separados, levemente curvados com as palmas para cima. Simular escorregar as mãos para baixo dando uma leve fechada nos dedos. Expressão facial de desânimo.

CANTAR

As duas mãos em "C", posicionadas na frente da boca, como se um "C" estivesse encaixando-se no outro, palmas para dentro, uma de frente para a outra. Mexer as mãos, alternadamente, para frente e para trás.

CASAR

Configurar as mãos em "C" e uni-las.

CASTIGAR

Fazer o sinal de AJOELHAR (p. 34) e, em seguida, movimentar para cima e para baixo, duas vezes.

CHAMAR

Mão direita aberta com a palma para baixo. Ela ficará direcionada à pessoa que será chamada e os dedos se fecharão.

CHEGAR

Mão esquerda aberta, dedos unidos, palma para a direita. Mão direita configurada em "B", palma para baixo. Ambas posicionadas na frente do corpo. Aproximar a mão direita da palma da mão esquerda.

CHEIRAR

Mão direita aberta diante da face, palma para baixo. Fechar a mão em "S", encostando-a, ao mesmo tempo, na ponta do nariz.

CHORAR

Mão direita configurada em "1", palma para dentro. Colocar o dedo indicador abaixo do olho e em seguida descer. Expressão facial triste.

CHUTAR

Bater com força o dorso dos dedos direitos na palma esquerda.

CLASSIFICAR

Mão direita aberta, dedos unidos, palma para dentro. Mover para frente em arcos.

COCHICHAR

Colocar a mão direita (como está na foto, simulando alguém cochichando) no canto da boca, virando a cabeça para o lado.

COCHILAR

Unir e separar o dedo indicador e polegar duas vezes. Olho semicerrado.

COLIDIR

Mãos em "S", em posição horizontal, separadas; palmas para dentro. Bater as mãos, uma contra a outra.

COMEÇAR

Mover a beira da mão direita aberta para frente sobre a palma esquerda.

COMER

Mover os dedos da mão direita para baixo e para cima, diante dos lábios.

COMPARAR

Mãos abertas, posicionadas em frente ao corpo, dedos unidos, palmas para dentro. Movimentá-las alternadamente, para frente e para trás.

COMPRAR

Simular o sinal de dinheiro e, depois, mover a mão direita em "L" horizontal para frente sobre a palma esquerda.

COMPREENDER

Mão direita aberta, dedos unidos, palma para esquerda. Colocar as pontas dos dedos no lado direito da testa e em seguida balançar.

COMUNICAR

As duas mãos em "C", posicionadas na frente do corpo, como se um "C" estivesse encaixando-se no outro, com uma palma de frente para a outra. Mexê-las alternadamente, para frente e para trás.

CONCORDAR

As duas mãos fechadas, dedos estendidos, um de frente para o outro, em frente ao corpo; palmas para baixo. Bater as pontas dos dedos duas vezes. Expressão facial de afirmação.

CONDUZIR

Mãos abertas, posicionadas horizontalmente, dedos unidos, palmas para dentro. A mão direita irá segurar os dedos da mão esquerda e irá se locomover para o lado direito.

CONHECER

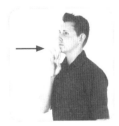

Mão direita em "4", palma para a esquerda, na frente do queixo. Encostá-la no queixo duas vezes.

CONSERTAR

Mão direita em "V" com a palma para esquerda. Mão esquerda em "1" com a palma para dentro. Colocar o "1" entre o "V" e mexer a mão direita para cima e para baixo, simulando um alicate consertando uma peça.

CONSOLAR

Mãos abertas, dedos unidos, palmas para baixo. A mão direita deverá passar sobre o dorso da mão esquerda duas vezes.

CONTAR

Mão direita configurada em "S", palma para cima. Em seguida levantar os dedos simulando alguém contando 1-2-3-4-5.

CONTINUAR

Mão direita em "V", posicionada horizontalmente com os dedos para frente, palma para esquerda. Movê-la para frente, balançando-a.

CONTRIBUIR

Mão direita fechada, dedos indicador e polegar estendidos e unidos pelas pontas, palma para baixo. Mão esquerda configurada em "O", palma para dentro. Colocar a mão direita acima da mão esquerda e, em seguida, descer a mão direita, soltando os dedos.

CONVERSAR

Mão esquerda fechada, posicionada horizontalmente, palma para baixo. Mão direita aberta, dedos unidos, palma para baixo. Passar a mão direita sobre o dorso da mão esquerda em movimento circular.

CONVIDAR

As duas mãos abertas, dedos unidos, palmas para cima. Posicioná-las ao lado do corpo, trazendo-as para frente em arco.

COPIAR

Mão esquerda aberta, palma para cima. Mão direita aberta. Posicionar o antebraço direito sobre a mão esquerda. Deslizar o braço para trás enquanto fecha a mão.

CORRER

Movimentar os braços, ao lado do tronco, imitando alguém correndo.

CORRESPONDER

Mãos abertas, dedos unidos, palmas para cima. Movê-las, alternadamente, para frente e para trás.

CORRIGIR

Simular alguém segurando um lápis na mão direita, ticando a palma da mão esquerda na posição horizontal.

CORTAR

Mão direita em "V" horizontal. Mover a mão para frente, abrindo e fechando os dois dedos várias vezes.

COSTURAR

Mão direita simulando pegar uma agulha. Levá-la até à mão esquerda que dá a ideia de suster a costura.

COZINHAR

Fazer o sinal de COMER (p. 42) e simular alguém movimentando uma colher grande numa panela.

CRER

Tocar na testa com as pontas dos dedos da mão direita e, em seguida, bater com força as costas dos dedos da mão direita na palma esquerda.

CRESCER

Elevar, pouco a pouco, a mão direita aberta, ao lado do tronco.

CRIAR

Mão esquerda em "C", com a palma virada para dentro. Juntar todos os dedos da mão direita e abrigar dentro do "C". Levar a mão direita para cima, como se estivesse saindo, e abrir os dedos em seguida.

DANÇAR

Mão esquerda aberta, dedos unidos, palma para cima. Mão direita configurada em "V" invertido, com a palma para dentro. Colocar a mão direita sobre a esquerda. Mover para a direita e esquerda, simulando uma pessoa dançando.

DAR

Mãos em "A", em posição horizontal, palmas para baixo. Elevá-las para frente em um semicírculo.

DECIDIR

Mão direita em "1" curvada, palma para baixo, com o indicador tocando a lateral da testa. Mover a mão para baixo, de modo que fique em "A" e toque a palma da mão esquerda.

DEITAR-SE

Mão direita em "V" deitada de costas sobre a palma esquerda.

DEMORAR

Mão na posição da foto. Fechar os quatro dedos verticais, um por um, começando pelo dedo mínimo.

DERRAMAR

Mãos configuradas em "A", palmas para baixo. Movê-las para frente enquanto abre as mãos e os dedos.

DERRETER

Mãos abertas, palmas para cima, fechá-las, baixando-as levemente.

DESAPARECER

Mãos abertas, uma palma de frente para outra, dedos levemente encostados. Afastar as mãos em sentido oposto, enquanto os dedos ficam esticados e unidos pelas pontas formando um biquinho, frente a frente.

DESCANSAR

Baixar devagar a mão direita aberta sobre o peito.

DESCER

Mão direita em "V", dedos apontando para baixo. Simular uma pessoa descendo uma escada.

DESCOBRIR

Mãos configuradas em "B", mão direita com a palma para esquerda e mão esquerda com a palma para direita. Colocá-las à frente do rosto e movê-las de modo que se encontrem.

DESCONFIAR

Mãos abertas, posicionadas à frente da face, palmas para dentro, dedos unidos. Levar as mãos, alternadamente, para trás e para frente duas vezes. Cerrar os olhos e fazer expressão facial interrogativa.

DESCULPAR

Mão direita em "Y" encostada no queixo.

DESENHAR

Mão direita fechada, com os dedos médio, indicador e polegar estendidos. Mão esquerda aberta, dedos unidos, palma para cima. A mão direita irá simular que está desenhando sobre a mão esquerda.

DESFILAR

Mão direita configurada em "V" invertido, palma para dentro. Antebraço posicionado horizontalmente. Passar a mão direita sobre o antebraço esquerdo, simulando uma pessoa desfilando.

DESISTIR

Mão direita posicionada ao lado da cabeça, com os dedos unidos pelas pontas. Movê-la para baixo.

DESOBEDECER

Fazer o sinal de OBEDECER (p. 65), balançando a cabeça negativamente.

DESPREZAR

Mão direita posicionada no nariz, com os dedos unidos pelas pontas. Movê-la para baixo e virar o rosto para o lado esquerdo.

DESTRUIR

Mãos configuradas em "S", unidas pela lateral dos dedos indicadores, palmas para baixo. Movê-las para cima, indo para lados opostos.

DESVIAR

Mover a mão direita aberta para a frente, curvando-a para o lado direito.

DEVER (Obrigação)

Mão direita em "A" na altura do rosto, baixar com ênfase tocando a palma da mão esquerda duas vezes.

DIFAMAR

Mão direita em "A", palma para esquerda, ao lado da bochecha do lado direito. Descer a mão abrindo-a em "L" com ênfase. Expressão facial negativa.

DIMINUIR

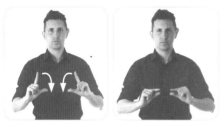

Mãos configuradas em "L". Baixar as mãos e os dedos indicadores ao mesmo tempo.

DISCUTIR

As duas mãos em "1" deitadas com as palmas para dentro, dedo indicador direito apontando para dedo indicador esquerdo. Mover, alternadamente, os dedos para cima e para baixo, fazendo expressão facial negativa.

DISTRAIR

Mãos abertas, posicionadas com o dedo indicador na testa, dedos separados, palmas para frente. Movê-las para cima, balançando os dedos.

DISTRIBUIR

As duas mãos em "O", posicionadas na frente do corpo, palmas para cima. Jogá-las para frente, abrindo-as em seguida. As palmas continuarão para cima.

DIVIDIR

Mãos abertas, dedos unidos. Mão esquerda com a palma para cima, mão direita com a palma para esquerda. Passar a mão direita sobre o meio da palma esquerda de um lado para o outro, simulando separá-la em duas partes.

DOER

Mão direita em "F" horizontal, palma para dentro. Sacudi-la para baixo duas vezes, fazendo expressão facial de sofrimento.

DORMIR

As duas mãos em "V" com os dedos apontando para cima. Posicioná-las à frente do corpo, uma mais à frente que a outra, na lateral direita do rosto, e deitá-las, fechando-as em "U", inclinando a cabeça para o mesmo lado e fechando os olhos.

DUVIDAR

Mão direita configurada em "1", posicionada horizontalmente, palma para baixo. Posicionar o dorso do dedo indicador abaixo do queixo e mover para frente duas vezes.

EDIFICAR

Mãos abertas, posicionadas horizontalmente, dedos unidos, palmas para dentro. Colocar uma mão sobre a outra três vezes.

EMPRESTAR

Fazer o sinal DAR (p. 46). Em seguida, fechar a mão esquerda, posiciondo-a horizontalmente, e configurar a mão direita em "V". Colocar o pulso da mão direita sobre o dorso da mão esquerda.

EMPURRAR

Simular alguém empurrando algo para a frente com as mãos abertas.

ENCONTRAR

Mãos em "D". Aproximá-las até se tocarem.

ENFEITAR

Mãos abertas, dedos separados e curvados, palmas para frente. Mover as mãos para frente em lugares diferentes.

ENFORCAR

Elevar a mão direita em "C" debaixo do queixo.

ENGANAR

Mão esquerda em "S", mão direita em "Y", palmas para baixo. Mover a mão direita em uma curva para cima, batendo, ao mesmo tempo, no dorso da mão esquerda.

ENSINAR

Mãos configuradas em "O", palmas para frente. Mover os dedos para frente, repetir este movimento duas vezes.

ENTRAR

Passar a beira da mão direita aberta sobre o dorso da mão esquerda aberta.

ENVERGONHAR

Mão direita configurada em "5", palma para esquerda. Encostá-la na bochecha e elevá-la.

ENVIAR

Mão direita configurada em "O". Abrir e mover a mão para frente.

ENVIAR (mensagem)

Mão esquerda configurada em "C". Mão direita aberta, dedos unidos, flexionados. Os dedos da mão esquerda passarão pela abertura da mão direita.

ERRAR

Mão direita em "V" horizontal, palma para cima. Baixar a mão direita em uma curva para a esquerda, batendo na palma esquerda ao mesmo tempo.

ESCOLHER

Mover a mão para a frente, unir as pontas dos dedos e levar a mão para trás.

ESCONDER

Envolver a mão esquerda com a mão direita.

ESCREVER

Simular alguém escrevendo na palma esquerda.

ESCUTAR

Mão direita aberta, dedos unidos, levemente curvados. Posicioná-la no ouvido.

ESPERAR

As duas mãos configuradas em "S", mão esquerda com a palma virada para baixo e a direita para frente; bater duas vezes o pulso direito no dorso da mão esquerda.

ESQUECER

Mão direita na posição da foto. Mover os dedos sobre a testa para o lado direito.

ESTAR COM FOME

Mão aberta, apontando para a barriga, dedos unidos, palma para cima. Tocar duas vezes a barriga.

ESTAR COM SEDE

Fazer o sinal de ÁGUA (p. 147) e de VONTADE (p. 130).

ESTAR COM SONO

Mão direita fechada, posicionada ao lado do olho direito, dedos indicador e polegar estendidos. Fechar e abrir os dedos duas vezes.

ESTUDAR

Bater o dorso da mão direita aberta sobre a palma esquerda duas vezes.

EVITAR

Mão direita configurada em "Y", palma para esquerda, dedo polegar encostado no lado direito da cabeça. Movimentar a mão para o lado de modo que a palma da mão direita fique para frente.

EXPERIMENTAR (Provar)

Unir as pontas dos dedos da mão direita e tocar duas vezes abaixo do olho.

EXPLICAR

As duas mãos configuradas em "S", palmas para dentro, lado a lado, à frente do corpo. Abrir dedo por dedo, começando pelo dedo mínimo até abrir a mão toda.

EXPULSAR

Mão esquerda configurada em "1", palma para baixo, dedo indicador apontando para frente. Mão direita configurada em "S". Posicionar a mão direita sobre o dedo indicador e movê-la para frente, transformando o "S" em "1".

FALAR

Mão direita em "P" na posição da foto. Movê-la para frente e para baixo em círculos pequenos.

FALAR COM AS MÃOS
(Língua de sinais)

Mover, alternadamente, as mãos abertas.

FALTAR (Coisas)

Tocar duas vezes as pontas dos dedos da mão direita na palma da mão esquerda.

FALTAR (Presença)

Mão esquerda configurada em "S", mão direita em "Y", ambas com as palmas para baixo. Passar a mão direita sobre o dorso da mão esquerda.

FAZER

Mãos em "A", palmas para baixo. Bater as unhas dos polegares, uma contra a outra.

FAZER A BARBA

Simular alguém segurando uma lâmina de barbear, passando-a no lado da face.

FECHAR

Mãos abertas, posicionadas à frente do corpo, dedos unidos. Girá-las de modo que as palmas fiquem para frente.

FICAR (Estar no lugar)

Mãos abertas, dedos unidos, palmas para baixo. Movê-las para baixo.

FICAR (Namorados)

Mão direita em "I", palma para esquerda. Posicionar o dedo polegar no queixo e batê-lo duas vezes.

FINGIR

Esfregar a ponta do médio direito na palma esquerda para frente e para trás.

FOTOGRAFAR

Imitar alguém segurando uma máquina fotográfica perto do olho direito e baixar, rapidamente, o indicador direito.

FRITAR

Mãos abertas, dedos separados e curvados, palmas para cima. Mexer os dedos.

FUGIR

As duas mãos abertas. A direita toca com as pontas dos dedos a palma da mão esquerda encostando palma com palma, e vai para frente em movimento reto.

FUMAR

Simular alguém fumando, levando a mão direita em "V" para os lábios.

FURTAR (Roubar)

Mãos na posição da foto. Girar a mão direita para baixo, fechando os dedos, um por um, começando com o dedo mínimo.

GANHAR

Mão direita em "L", palma para a esquerda, perto da boca. Afastar a mão rapidamente, virando a palma para a frente.

GASTAR

Mãos configuradas em "S", posicionadas ao lado da cintura, palmas para cima. Movê-las para frente em "L".

GLORIFICAR

Mãos em "A", palmas para frente à altura dos ombros. Cruzar os braços e elevar as mãos para os lados opostos, acima da cabeça, distendendo os dedos ao mesmo tempo.

GOSTAR

Mão direita aberta, palma posicionada no peito esquerdo. Fazer movimento circular. Expressão facial positiva.

NÃO GOSTAR

Mão direita aberta, palma posicionada no peito esquerdo. Mover para frente. Expressão facial negativa.

GRITAR

Mão direita configurada em "5", palma posicionada na frente da boca. Fazer movimento para cima e para o lado direito.

GUARDAR

Mãos na posição da foto. Mover a mão direita por baixo e além da esquerda.

IMPRIMIR

Mãos postas e viradas em posição horizontal. Afastar a mão de cima, começando pela parte posterior da palma. Repetir o gesto.

INSISTIR

Mão direita configurada em "A". Bater a mão direita duas vezes na palma da mão esquerda.

INVENTAR

Mão direita configurada em "D", palma para esquerda. Encostar o lado indicador na testa e elevar a mão.

IR

Mão direita em "D", apontando para baixo, diante do tronco, palma para dentro. Afastar a mão, virando o indicador para a frente.

JANTAR

Fazer os sinais de COMER (p. 42) e NOITE (p. 210).

JEJUAR

Fazer o sinal de COMER (p. 42) e, em seguida, o sinal da cruz com o polegar da mão direita na boca.

JUNTAR

As duas mãos configuradas em "A", posicionadas à frente do corpo. Aproximá-las até uni-las.

JURAR

Mão direita configurada em "1", posicionada na frente da boca com a palma para a esquerda. Dobrar o dedo indicador.

LAVAR

Mãos em "A", palma a palma, a mão direita por cima da esquerda. Esfregar rapidamente uma mão na outra.

LAVAR AS MÃOS

Simular alguém lavando as mãos.

LEMBRAR

Com a mão direita em "V", com a palma para a esquerda, tocar no lado da sobrancelha direita e escorregar para fora, de modo que a palma fique para frente. Fazer este movimento duas vezes, como se estivesse limpando algo.

LER

Mão esquerda aberta na horizontal, palma para dentro; mão direita em "V", apontando em direção à palma esquerda e mexendo, levemente, para cima e para baixo.

LER OS LÁBIOS

Mão direita em "V". Traçar um círculo ao redor dos lábios com as pontas dos dedos.

LEVANTAR

Mão esquerda aberta, posicionada horizontalmente, à frente do corpo, dedos unidos. Mão direita configurada em "V". Colocar a mão direita sobre a palma esquerda e movê-la de modo que os dedos apoiem na palma esquerda.

LEVAR

Mãos fechadas com os dedos unidos. Mover as mãos para frente, abrindo-as.

MANCAR

Fazer o sinal de ANDAR (p. 35) sobre a palma esquerda e, ao mesmo tempo, mover a mão direita, ora para um lado, ora para o outro, simulando alguém mancando.

MANDAR

Encostar na testa a ponta do indicador da mão direita em "D", palma para a esquerda. Afastar de repente a mão, apontando o indicador para frente.

MARCHAR

Mãos abertas, dedos flexionados, palmas para baixo. Posicionar as mãos lado a lado e distender os dedos, movendo as mãos para frente.

MATAR

Baixar com muita força a mão direita em "S", simulando alguém dando uma facada mortal.

MEDIR

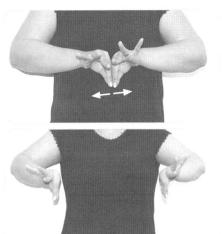

Mãos abertas, dedos polegar e indicador unidos e estendidos, palmas para baixo, mãos unidas pela lateral dos dedos. Movê-las para lados opostos.

MEDITAR (Religião)

Traçar, devagar, círculos pequenos na testa com a ponta do dedo indicador da mão direita.

MEMORIZAR

Mão direita fechada, dedos unidos pelas pontas, mão posicionada na frente da testa. Tocar a testa.

MENDIGAR

Estender a mão direita em forma de concha, palma para cima, apoiando o cotovelo direito na palma esquerda.

MENTIR

Mão direita configurada em "X", posicionada na frente do nariz, palma para esquerda. Passá-la pelo nariz duas vezes.

MERGULHAR

Fazer sinal de ÁGUA (p. 147), em seguida, fechar a mão direita e estender os dedos polegar, indicador e médio. Mover a mão para baixo, balançando os dedos.

MISTURAR

Mãos fechadas com os dedos estendidos e unidos, mão esquerda com a palma para cima e a mão direita com a palma para baixo, uma em cima da outra. Fazer movimento circular alternadamente.

MORRER

Passar a beira da mão direita aberta diante do pescoço, da esquerda para a direita.

MOSTRAR

Mão esquerda aberta, palma para frente. Colocar a ponta do indicador direito na palma esquerda e mover as mãos para frente.

MUDAR

Mãos fechadas, polegares estendidos, palmas para baixo. Circular os dedos alternadamente.

MUDAR DE LUGAR

Mãos fechadas, dedos estendidos e unidos, palmas para baixo. Movê-las para o lado.

NAMORAR

Mãos abertas, separadas, palma a palma, dedos para cima. Dobrar os dedos médios duas vezes.

NASCER

Mãos na posição da foto. Baixar um pouco as mãos, virando as palmas para baixo ao mesmo tempo.

OBEDECER

Mãos abertas, curvadas, palma a palma. Colocar a beira das mãos na testa, sobre os olhos, e movê-las juntas para frente.

ODIAR

Colocar a mão direita em "S" sobre o coração, palma para baixo. Torcer a mão devagar e com muita força, virando a palma para cima.

OFENDER

Mão direita em "A", palma para esquerda, ao lado da bochecha do lado direito. Descer a mão abrindo-a em "L" com ênfase. Expressão facial negativa.

OFERECER

Fazer o sinal de DAR (p. 46).

OFUSCAR

Mãos abertas, palmas para fora, à altura da face. Fechar os olhos e virar ligeiramente a cabeça para o lado esquerdo.

OLHAR

Mão direita configurada em "V", posicionada abaixo do olho direito, palma para frente. Mover a mão para frente.

OUVIR

Mão direita aberta, palma para fora. Trazer a mão para junto da orelha direita, fechando-a ao mesmo tempo em "S".

PAGAR

Mão direita em "A" na frente do corpo. Tocar, com ênfase, a palma da mão esquerda aberta.

PARAR

Mão direita aberta, palma para frente, dedos para cima. Mover a mão energicamente para frente, parando-a de repente.

PARECER

Mão direita em "V" na posição da foto. Afastá-la para frente, unindo os dois dedos.

PASSAR (Roupa)

Mão esquerda aberta, palma para cima, mão direita em "A" esfregando sobre a esquerda. Simulando alguém passando roupa.

PASSAR

Fazer o sinal de GANHAR (p. 58) e em seguida o sinal de ENTRAR (p. 52).

PASSEAR

Mover as mãos e tocar os ombros alternadamente.

PATINAR

Mãos abertas, palmas para baixo, dedos para frente. Mover as mãos alternadamente para a frente e para o lado, simulando alguém patinando.

PEDIR

Mão direita aberta, dedos unidos, palma para dentro. Posicioná-la no queixo e movê-la para frente.

PEGAR

Mão direita aberta, dedos separados, palma para baixo, posicionar em frente ao corpo. Mover para trás enquanto fecha a mão em "S".

PENDURAR

Colocar as mãos em "X" na posição da foto.

PENSAR

Tocar a testa com a ponta do indicador direito.

PERDER

Mãos abertas, dedos unidos, palmas para cima. Mão direita sobre a esquerda. Posicioná-las em frente ao corpo e mover a mão direita para a esquerda.

PERDOAR

Mão direita em "Y", encostada no queixo, com a palma virada para dentro.

PERGUNTAR

Mão esquerda aberta, com a palma virada para a direita, e mão direita em "D", na posição da foto. Mover a mão direita, ligeiramente, para frente, numa linha reta.

PESCAR

Mão direita em "A", palma para a esquerda. Elevar a mão em uma curva para a frente, parando-a de repente, simulando um pescador lançando a linha e o anzol.

PINTAR

Passar as pontas dos dedos da mão direita, para cima e para baixo, na palma esquerda na vertical.

PLANTAR

Pontas dos dedos da mão direita unidas, apontando para baixo. Movê-la para a frente, baixando e elevando-a, e, ao mesmo tempo, abrindo e fechando os dedos, simulando alguém deixando as sementes cairem.

PODER

Mãos em "S" horizontal, separadas, palma a palma. Baixar as mãos com força.

NÃO PODER

Mão configurada em "V", palma para dentro. Posicioná-la perto do pescoço e movê-la ao encontro dele, duas vezes, fazendo expressão facial de negação.

PÔR (Colocar)

Mão fechada, dedos unidos e estendidos, palma para frente, posicionar em frente ao corpo. Fazer um semicírculo para frente.

PRENDER

Mãos configuradas em "V", posicionadas horizontalmente, em frente ao corpo, palmas para baixo; mão direita em cima da esquerda. Mover a mão direita para baixo.

PRIVAR (Proibir)

Mãos em "D", na posição da foto. Baixar a mão direita com força, batendo a ponta do indicador esquerdo com a ponta do indicador direito.

PROCURAR

Mãos na frente do corpo, com a mão direita em "P" e a palma virada para cima. Tocar o dorso da mão esquerda, configurada em "S", com a palma virada para baixo, e fazer movimento circular no sentido horário.

PROMETER

Mão direita aberta, posicionada ao lado do corpo, dedos unidos, palma para frente.

PROTEGER

Mão direita aberta com dedos unidos e mão esquerda configurada em "1". Mão direita com a palma para frente, mão esquerda com a palma para baixo. Colocar o pulso direito sobre o dorso do dedo indicador. Movimentar para frente.

PROVAR

Mão direita aberta, posicionada acima da cabeça, dedos unidos, palma para dentro. Movê-la para baixo.

PROVOCAR

Mãos em "D" horizontal, separadas, palma a palma, mão esquerda mais para frente. Mover as mãos juntas para frente, virando as palmas para baixo.

PULAR

Mão direita configurada em "V" invertido, posicionada em frente ao corpo, e mão esquerda aberta com dedos unidos, palma para cima. Colocar as pontas dos dedos na palma da mão esquerda. Mover para cima a mão direita transformando o "V" em "5".

QUEBRAR

Mãos em "S" horizontal, lado a lado, palmas para baixo. Afastar as mãos rapidamente, virando-as palma a palma.

QUEIXAR-SE

Mãos configuradas em "1", posicionadas ao lado da boca. Movê-las para cima em lados opostos.

QUERER

Mãos abertas, estendidas diante do tronco, dedos curvados, palmas para cima. Trazer as mãos para perto do corpo e curvar os dedos.

RECEBER

Estender as mãos abertas diante do tronco, palmas para cima. Trazer as mãos para dentro, fechando-as gentilmente e colocando-as contra o peito.

REMAR

Imitar alguém manobrando um remo (ou dois), estendendo os braços para frente e trazendo-os para dentro.

REPREENDER

Apontar o dedo para frente, simulando repreender alguém. Expressão facial negativa.

RESPIRAR

Fazer o sinal de CHEIRAR (p. 40) duas vezes.

RESPONDER

Mão direita em "R". Encostá-la na boca e levá-la para frente.

RIR

Mãos direita em "L" perto do queixo, palma para dentro, indicador para a esquerda. Tremer a mão rapidamente, sorrindo ao mesmo tempo.

SABER

Tocar a testa com as pontas dos dedos da mão direita e afastar a mão, fechando-a em "A", ficando a palma para dentro.

SABOREAR

Mão direita fechada com os dedos esticados e unidos pelas pontas. Posicioná-la na frente da boca e esfregar os dedos.

SALVAR

Mão direita aberta diante da face, palma para a esquerda. Levar a mão ao peito, sobre o coração, fechando-a em letra "A".

SEGUIR

Mãos em "A" horizontal, polegares destacados, apontando para cima. Mover a mão esquerda para frente, em zigue-zague, com a mão direita seguindo-a.

SEGURAR

Pegar e apertar o pulso esquerdo com a mão direita sacudindo as mãos para indicar que algo está "bem seguro".

SENTAR

Mãos em "U" horizontal, palmas para baixo. Curvar e colocar o "U" direito sobre o dorso do "U" esquerdo e baixar as mãos juntas.

SENTIR

Mão direita aberta, posicionada à frente do peito, dedos separados e curvados, palma para dentro. Bater no peito duas vezes.

SEPARAR

Mãos abertas, dedos para frente. Encostar as mãos pelos dorsos e afastá-las para os lados opostos. Repetir o gesto.

SERVIR

As duas mãos, lado a lado, com as palmas viradas para cima, tocam a barriga alternadamente.

SOFRER

As duas mãos configuradas em "I". Tocar, com o polegar, a lateral da cintura, fazendo expressão facial de sofrimento.

SOLETRAR

Mão direita aberta, posicionada ao lado do corpo, palma para frente. Mover a mão para a direita, balançando os dedos alternadamente.

SONHAR

Mão direita configurada em "4", posicionada ao lado da cabeça, palma para frente. Movê-la para a diagonal, mexendo os dedos.

SOPRAR

Mão direita configurada em "S", posicionada à frente da boca palma para cima. Movê-la para frente, abrindo-a.

SUAR

Mão direita configurada em "1", posicionada ao lado da cabeça, palma para dentro. Movê-la para baixo.

SUBIR

Mão direita configurada em "V" invertido, posicionada em frente ao corpo. Movê-la para cima, simulando alguém subindo uma escada.

SUMIR (Desaparecer)

Mãos abertas, posicionadas à frente do corpo, uma palma de frente para a outra, pontas dos dedos se tocando. Movê-las para lados opostos, fechando-as com os dedos estendidos e unidos.

SUSPENDER

Fazer o sinal de PENDURAR (p. 68), elevando as mãos mais para cima.

TEMER

Mão direita aberta, dedos separados e esticados, estando os dedos médio e polegar unidos pelas pontas. Dar "petelecos" no peito esquerdo deixando a mão aberta.

TENTAR

Mão direita aberta, posicionada à frente da bochecha, dedos esticados e unidos pelas pontas, palma para esquerda. Batê-la na bochecha duas vezes.

TER

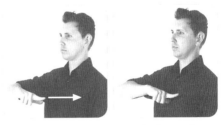

Mão direita em "L", dedo polegar apontando para o centro do peito. Tocá-lo duas vezes.

NÃO TER

Tremular a mão direita em "L" horizontal, palma para a esquerda, indicador apontando para frente.

TOCAR

Mão esquerda aberta com a palma para baixo. Mão direita aberta com os dedos esticados, apontando para o lado esquerdo. Tocar o dorso da mão esquerda levemente.

TORNAR-SE

As duas mãos em "A" deitadas, na frente do corpo, com os polegares apontando um para o outro. Girá-las em sentido horário.

TRABALHAR

Mãos em "L" horizontal, separadas, palmas para baixo, indicadores para frente. Mover as mãos, alternadamente, para fora e para dentro duas vezes.

TRAIR

Mão direita em "B", palma para frente, à altura da face. Virar rapidamente a palma para dentro.

TROCAR

Mãos em "A", polegares destacados. Traçar círculos horizontais no ar com as mãos, a mão direita partindo para a frente, e a esquerda, para trás, terminando onde começaram.

VENCER

Mão esquerda em "1" e mão direita em "V" – com o dedo polegar estendido –, uma sobre a outra. Deslizar a mão direita, retirando-a da mão esquerda, unindo os dedos polegar, indicador e médio.

VENDER

As duas mãos abertas com as palmas viradas para cima, dedos médios unidos aos polegares. Soltar os dedos abrindo-os.

VER

Mão direita em "V" localizada abaixo do olho direito com a palma virada para frente. Levar para frente em movimento retilíneo.

VESTIR

Segurar e mover levemente a roupa no peito e, em seguida, baixar as mãos até a cintura.

VIAJAR

Mão direita em "O", acima do ombro, palma voltada para o corpo. Levar a mão para frente em movimento retilíneo abrindo e fechando-a.

VIGIAR

Mão esquerda deitada. Colocar o pulso da mão direita em "V" sobre a mão esquerda e mexer a mão direita para o lado esquerdo e para o lado direito.

VINGAR

Mãos em "1", palmas para dentro, separadas, mão direita acima da esquerda. Baixar a mão direita, batendo o dedo indicador direito no esquerdo, deixando-os em formato de cruz. Expressão negativa.

VISITAR

Mãos em "P", palmas viradas para cima. Levá-las para o lado direito.

VIVER

As pontas dos dedos da mão direita unidas e viradas para cima. Colocar a mão no lado direito do peito, elevando-a e baixando-a duas vezes.

VOAR

Simular o movimento das asas de um pássaro.

VOTAR

Mão esquerda aberta, palma para dentro, polegar um pouco afastado do indicador. Baixar os dedos da mão direita entre o polegar e indicador da mão esquerda.

ZANGAR

A mão direita aberta, com os dedos curvados, palma para dentro, toca o peito e arrasta para cima e para baixo. Franzir a testa.

ZOMBAR

Mãos configuradas em "L", posicionadas na frente do corpo. Balançá-las levemente.

SUBSTANTIVOS

1. SUBSTANTIVOS: para formar o plural, de-ve-se acrescentar o sinal de VÁRIOS (p. 293), após o substantivo usado na sinalização.

AÇO

Fazer a soletração rítmica A-Ç-O* e, em seguida, o sinal de FERRO (p. 104).

ADEUS (Tchau)

Acenar para a direita e para a esquerda com a mão direita, palma para fora, à altura da face.

ADVOGADO

Colocar a ponta do dedo indicador da mão direita perto do maxilar, do lado direito, e rodá-la rapidamente em círculos pequenos.

AERONÁUTICA

Fazer o sinal de AVIÃO (p. 86) e, em seguida, entrelaçar os polegares, posicionando-os sobre o peito, com as mãos abertas, dedos unidos, palmas para dentro.

ALFINETE

Com as pontas dos dedos indicador e polegar da mão direita separadas, indicar o comprimento do alfinete e, depois, simular alguém enfiando o alfinete num pano seguro na mão esquerda.

---

* Todas as palavras que aparecerem nesse formato deverão ser soletradas.

ALICATE

Mão direita em "5", posicionada na frente do corpo, com o dedo polegar esticado, palma para dentro, dedos apontados para a esquerda. Mão esquerda em "1", que, com o dedo indicador apontado para frente, ficará entre o "5" da mão direita. Abrir e fechar o dedo médio e o indicador da mão direita, "prendendo" a ponta do dedo indicador da mão esquerda, simulando abrir e fechar um alicate.

ALUMÍNIO

Fazer sinal de FERRO (p. 104) e, em seguida, abrir a mão direita e elevá-la trepidando.

AMANTE

Entrelaçar os dedos mínimos, palma direita para dentro e palma esquerda para fora.

ANIVERSÁRIO

Mão direita em "1", posicionada na frente da boca, palma virada para o lado esquerdo. Simular soprar uma vela. Em seguida bater palmas.

ANSIEDADE

As duas mãos em "S" na frente do peito, separadas levemente. Fazer círculos em sentidos opostos.

APITO

Simular alguém colocando um apito na boca e encher as bochechas.

APOSENTADORIA

Mão direita aberta, ao lado da cabeça, dedos separados e curvados. Mover o braço para baixo, fechando a mão; repetir esse movimento duas vezes.

ARMÁRIO

Traçar com as mãos abertas a forma do armário e depois indicar as prateleiras, afastando as mãos horizontalmente para os lados opostos.

ARQUITETURA

Braço esquerdo deitado na frente do corpo. Mão direita aberta, com os dedos polegar e indicador unidos pelas pontas e encostados na lateral do cotovelo esquerdo. Deslizar a mão direita até o pulso. Fazer esse movimento duas vezes.

ASSOALHO

Mãos abertas, à altura da cintura, palmas para baixo, dedos para frente. Afastá-las, lentamente, para lados opostos.

ATIVIDADE

Mão esquerda aberta com a palma para cima, posicionada no sentido horizontal, mão direita em "A", palma para baixo. Encostar a mão direita na palma da mão esquerda. Arrastar a mão direita em movimento sinuoso para baixo, abrindo-a.

AUDITÓRIO

As duas mãos fechadas na frente do corpo, palmas para dentro. Subi-las, abrindo-as.

AUTOMÓVEL

Mãos como quem pega o volante de um carro.

AVENIDA

As duas mãos configuradas em "1", em frente ao corpo, com as palmas para dentro. Movimentá-las para frente e para trás alternadamente.

AVENTAL

Polegares e indicadores passando em torno da cintura, como quem amarra as faixas dessa peça de vestuário.

AVIÃO

Mão direita em "Y", com a palma virada para baixo, na frente do corpo. Levá-la para frente e para cima, simulando um avião voando.

AZAR

Encostar a mão direita em "Y" no nariz, com a palma para dentro, levando-a levemente, para cima.

BAIRRO

As duas mãos em "C", posicionadas lado a lado em frente do corpo, com as palmas viradas uma de frente para a outra. Levá-las juntas para baixo, marcando, três vezes, um lugar em posições diferentes.

BALANÇA

Mãos abertas com os dedos unidos, palmas para cima. Movimentá-las para cima e para baixo alternadamente. Depois, configurar a mão direita em "1" com a palma para frente, e movê-la da direita para a esquerda.

BALANÇO

Mãos em "U" horizontal. Curvar e colocar o "U" direito no "U" esquerdo, movendo as mãos como um balanço.

BALÃO DE FESTA

Simular alguém enchendo um balão de festa.

BALDE

Indicar a forma do balde com as mãos em "C" horizontal, palma a palma, e depois pegar a asa com a mão direita.

BANCO ($)

Mão direita aberta e curvada, posicionada ao lado do pescoço, dedos unidos, palma para baixo. Bater as pontas dos dedos, duas vezes, no lado direito do pescoço.

BANDEIRA

Mãos abertas: a esquerda servindo de apoio, com a palma virada para baixo; a direita, com o cotovelo encostado sobre o dorso da mão esquerda, fazendo movimentos sinuosos para a direita e esquerda, simulando uma bandeira hasteada.

BANHEIRO

Mão direita fechada com os dedos indicador e mínimo esticados; mão esquerda configurada em "S". Com os dedos da mão direita, tocar, duas vezes, o antebraço esquerdo.

BARBA

Mão direita aberta, posicionada ao lado da bochecha, com os dedos curvados. Descê-la, ao mesmo tempo, em direção ao queixo.

BARCO

Unir as mãos em forma de concha, como se fossem o casco de um barco, e movê-las para frente em movimentos sinuosos.

BARULHO

Mão direita em "D", apontando o ouvido direito, palma para baixo. Afastar a mão, ligeiramente, para o lado direito, curvando o indicador ao mesmo tempo.

BICICLETA

Mãos em "S" horizontal, palmas para baixo, um pouco separadas. Simular alguém pedalando, movendo as mãos, alternadamente, em círculos.

BINÓCULO

Mãos em "C" diante dos olhos, palma a palma, movendo os dedos um pouco, como se ajustasse um binóculo.

BOBO

Mão direita configurada em "I". Circulá-la na testa.

BOMBA

As duas mãos em "S". Cruzar os pulsos na frente do corpo. Descruzá-los, levando os braços para lados opostos, abrindo as mãos. Arregalar os olhos, encher a boca de ar e soltá-lo.

BONDADE

Fazer o sinal de BOM (p. 298).

BONECA

Fazer o sinal de BEBÊ (p. 136) e o de BRINCAR (p. 39).

BORRACHA

Mão direita em "A", com a ponta do dedo polegar tocando o dedo indicador da mão esquerda, simulando uma borracha apagando o papel.

BOTÃO

Mão direita aberta, dedos separados; dedos indicador e polegar se tocando pelas pontas, formando um círculo; palma para frente. Tocar o peito na altura da gola de sua blusa e afastar a mão do corpo. Repetir esse movimento levando a mão para baixo, simulando tocar vários botões.

CACHIMBO

Mão direita em "Y", palma para dentro, polegar apontado para cima. Colocar a ponta do dedo mínimo no canto da boca, abrindo-a levemente.

CADEIRA

Mão esquerda em "U", com a palma virada para baixo, que servirá de apoio para a mão direita em "5". Descer a mão direita num breve movimento reto até se encaixar na esquerda. Repetir esse movimento duas vezes.

CADERNO

Simular alguém folheando as páginas de um caderno.

CAMINHÃO

Mãos abertas, palmas para dentro. Encaixar os dedos, entrelaçando as mãos, e fazer movimentos circulares, iniciando pelo lado direito.

CAMINHO

As duas mãos abertas, dedos unidos, palmas viradas uma de frente para a outra, dedos apontados para frente. Curvá-las para a direita e esquerda.

CAMPEÃO

Mão direita em "C", com a palma para a esquerda, na frente do peito do lado esquerdo. Subi-la para a direita na diagonal. Enquanto estiver movimentando-a, trocar a configuração da letra "C" para a letra "A".

CANETA

Mão direita em "A", dedo polegar apontando para cima. Encolher o polegar (duas vezes).

CAPITAL

Mão esquerda aberta, dedos unidos com a palma para baixo. Mão direita em "Y" com o dedo polegar fechado. Descer em semicírculo a mão direita até que ela toque o dorso da mão esquerda.

CAPITÃO

Mão direita em "V", palma para dentro. Tocar o braço esquerdo, duas vezes, logo abaixo do ombro.

CARNAVAL

Mão direita aberta, com a palma em frente ao rosto. Balançá-la levemente, mexendo o rosto.

CARPINTARIA

Mãos em "S", a esquerda mais para frente. Imitar um carpinteiro usando a plaina.

CARROÇA

Mãos em "A" horizontal, separadas, polegares para cima. Mover um pouco as mãos para cima e para baixo, sacudindo as rédeas imaginárias.

CARTA

Mão direita em "U". Levá-la aos lábios e, logo depois, batê-la na palma da mão esquerda aberta.

CARTEIRA DE BOLSO

Mãos abertas, unidas, com os polegares estendidos. Movimentá-las para o lado, simulando que está abrindo a carteira de bolso.

CASA

As duas mãos abertas, simulando o telhado de uma casa.

CATAPORA

Mãos abertas, dedos separados e esticados, com os dedos indicadores e polegares tocando-se pelas pontas; palmas para frente. Tocar várias partes do rosto e do tronco.

CENTRO

Mão esquerda aberta com a palma para cima. Mão direita aberta com dedos curvados, palma para baixo. Mão direita vai ao encontro da mão esquerda.

CERCA

Mãos em "4", posicionadas lado a lado na vertical. Movê-las, em uma curva para frente, até os dedos mínimos se tocarem.

CESTO DE LIXO

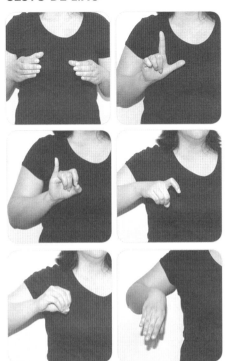

Simular alguém segurando um cesto, em seguida, soletrar L-I-X-O, abaixando a letra "O" e abrindo as mãos.

CHARUTO

Dedos indicador e polegar configurando o "C", palma para a esquerda. Posicioná-los no canto direito da boca, enchê-la de ar e soltá-lo pelo lado direito da boca várias vezes.

CHAVE

Mão esquerda aberta, palma para a direita. Simular alguém segurando uma chave com a mão direita e girá-la na palma esquerda.

CHEFE (Senhor)

Mão direita em "R", posicionada no canto direito da testa. Movimentá-la para a lateral em sentido retilíneo.

CHIFRES

Dedos indicador e polegar em "C", colocados perto da fronte, palmas para frente. Elevar as mãos em curvas para os lados opostos, fechando-as.

CHURRASCO

Mãos em "1" horizontal, separadas, palmas para cima. Virá-las para baixo e voltá-las à posição original, repetindo o gesto.

CIDADE

Mão direita com os dedos abertos, polegar estendido, tocando o peito.

CIDADE (Interior)

Mão esquerda configurada em "O", palma virada para dentro. Mão direita em "1", palma virada para dentro, dedo indicador apontando para a esquerda. Tocar o dedo indicador três vezes, em posições diferentes, na mão esquerda configurada em "O".

CIÊNCIA

Trepidar a mão direita em "C".

CINEMA

Mão esquerda deitada na frente do corpo, e mão direita aberta, encostada na lateral da mão esquerda. Acenar a mão direita, sem tirá-la do lugar.

CIRCO

Mão esquerda em "1", apontando para cima. Com a mão direita, fazer o sinal de PALHAÇO (p. 118) e, em seguida, colocá-la sobre o dedo indicador.

CIÚME

Antebraço esquerdo em posição vertical. Tocar duas vezes a ponta do cotovelo esquerdo com a mão direita.

COBERTOR

Fazer o sinal de DORMIR (p. 51) e simular alguém puxando um cobertor até o queixo.

COLA

Unir e desunir os dedos polegar e indicador da mão direita duas vezes.

COLEGA (Amigo)

Mão direita aberta com a palma virada para cima. Tocar, duas vezes, o peito do lado esquerdo.

COLHER

Simular uma colher pegando o alimento e levando até a boca.

COMÍCIO

Fazer o sinal de REUNIÃO (p. 124), o de FALAR (p. 56) e o de VOTAR (p. 78).

COMPROMISSO

Mão direita em "D" horizontal, palma para dentro. Bater o lado do dedo indicador, duas vezes, na palma da mão esquerda horizontal.

COMUNISTA

Elevar a mão direita, inclinando-a, levemente, para a direita.

CONFUSÃO

Dedos entrelaçados. Sacudir as mãos levemente para cima e para baixo, mexendo a cabeça ao mesmo tempo.

COPO

Mão direita em "C", simulando segurar um copo. Batê-la na mão de apoio duas vezes, de cima para baixo.

CORAÇÃO

Mão direita em "B", com a palma para a esquerda, pulso encostado no peito do lado esquerdo. Fazer movimento de abaixá-la e levantá-la, sem desencostar o pulso do peito.

CORAGEM

Mão direita aberta com a palma para baixo, dedos esticados. Encostar o dedo polegar no centro do peito, levando a mão para cima em semicírculo.

CORDÃO

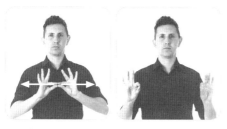

As duas mãos abertas, dedos separados e esticados, apenas com os dedos indicador e polegar unidos pelas pontas, simulando segurar um cordão. Unir as mãos e afastá-las, levando-as para lados opostos.

COROA

Indicadores e polegares em "C", demais dedos fechados, mãos separadas, palma a palma. Elevar as mãos juntas e baixá-las sobre a cabeça como uma coroa.

CORPO

Mãos abertas, palmas para dentro. Batê-las, levemente, na altura do peito, e baixá-las juntas sobre o tronco até a cintura.

CORRENTE

Prender os dedos indicadores e polegares em "O", invertendo a posição das mãos, como elos ou argolas de uma corrente.

COSTUME

Braço esquerdo inclinado para baixo. Mão direita aberta, palma para dentro em posição horizontal. Passar a mão direita no braço esquerdo.

CUIDADO

Mover as mãos abertas para frente e para trás alternadamente.

CULPA

Pontas dos dedos da mão direita curvadas, apontando para baixo. Tocá-las na cabeça.

CURIOSIDADE

Mão direita em "C", posicionada no canto do olho direito, palma para frente. Abaixar e levantar os dedos indicador, médio, anelar e mínimo, olhando ao mesmo tempo para a esquerda e para a direita.

DEFUNTO

Fazer o sinal de MORRER (p. 64) e, em seguida, configurar os dedos indicador e polegar da mão direita em "C", palma para baixo. Posicioná-la na frente do corpo, movendo-a da esquerda para a direita.

DELÍCIA

Mão direita aberta. Passar a ponta do dedo médio sobre os lábios, da direita para a esquerda.

DETETIVE

Fazer o sinal de HOMEM (p. 135), em seguida, posicionar a mão direita abaixo do olho direito, com o polegar apontado para cima, como se segurasse uma lupa.

DINHEIRO

Mão direita em "A", com os dedos polegar e indicador levantados, palma para cima. Roçar rapidamente o dedo indicador na parte interna do polegar.

DIRETOR

Mão direita em "R", palma para frente. Tocar o lado direito da testa e elevar a mão para o lado direito.

DÍVIDA

Mão esquerda horizontal, mão direita em "X". Encaixar o dedo indicador da mão direita no dedo polegar da mão esquerda e puxá-lo para trás.

DIVÓRCIO (Separar)

Mãos abertas com os dedos levemente curvados e unidos, dedos polegares separados. Aproximá-las até se tocarem pelo dorso e, em seguida, separá-las.

DOCUMENTO

Mão esquerda aberta, palma para dentro, dedos para a direita. Mão direita com os dedos indicador e mínimo esticados; os demais dedos fechados. Passar as pontas dos dedos indicador e mínimo da mão direita sobre a palma da mão esquerda, de cima para baixo.

DOR DE CABEÇA

Mão direita configurada em "1", com a palma para dentro. Colocar o dedo indicador na cabeça e, em seguida, sinalizar DOER (p. 50).

ECONOMIA

Movimentar as duas mãos em figas, alternadamente, para frente e para trás.

EDUCAÇÃO (Personalidade)

Braço esquerdo inclinado para baixo. Mão direita em "L". Passá-la ao longo do braço esquerdo.

ELETRICIDADE

Mão direita em "Y". Colocar a ponta do polegar perto da boca e tremular a mão rapidamente, soprando, levemente, ao mesmo tempo.

ELEVADOR

Mão esquerda aberta com dedos unidos apontando para cima, palma para direita. Mão direita aberta com os dedos indicador, médio, anelar e mínimo apontados para frente. Encostar a mão direita no cotovelo do braço esquerdo e movimentá-la para cima e para baixo.

EMPREGADO

Mãos abertas, posicionadas ao lado da cintura, dedos unidos com polegares estendidos, palmas para cima. Encostar as mãos na cintura, alternadamente, duas vezes.

ENCADERNAÇÃO

Mão esquerda aberta com a palma virada para frente; mão direita em "D" posicionada ao lado da mão esquerda, próxima à unha do dedo indicador. Descer a mão direita até o pulso em movimentos de espiral.

ENDEREÇO (Rua)

Fazer o sinal de CASA (p. 92) e de RUA (p. 125).

ENFERMEIRO(A)

Mão direita em "A", com o polegar levantado. Traçar uma cruz no alto do braço esquerdo.

ENGENHARIA

Mãos configuradas em "C", posicionadas em frente do corpo, do lado direito; mão direita acima da mão esquerda. Movê-las para lados opostos.

ENTERRO

As duas mãos abertas com as palmas uma de frente para a outra, dedos direcionados para baixo. Movimentá-las para baixo, simulando enterrar algo.

ESCOLA

Fazer o sinal de CASA (p. 92) e o de ESTUDAR (p. 55).

ESCOVA DE DENTES

Mão direita em "A", palma para baixo, simulando alguém escovando os dentes.

ESPELHO

Mão direita aberta, posicionada em frente do rosto, palma para dentro. Tremular a mão.

ESPINGARDA

Mão direita em "X", posicionada na frente do olho direito, palma para a esquerda. Mão esquerda em "C", palma para cima, um pouco à frente da direita, com o olho direito fechado e olho esquerdo aberto, simulando mirar.

ESPIONAGEM

As duas mãos em "B", na frente do rosto, uma de frente para a outra. Ambas vão de um lado para o outro em movimentos alternados.

ESTÁTUA

As duas mãos em "1", dedos polegares um de frente para o outro. Levar as duas mãos juntas para baixo em movimento sinuoso.

ESTRADA

Mãos configuradas em "1", posicionadas em frente ao corpo, palmas para dentro. Movimentá-las, alternadamente, para frente e para trás.

ESTUDANTE (Aluno)

Mão direita aberta na horizontal, na frente do corpo. Simular que está tocando a cabeça de três crianças.

EXAME ESCOLAR (Prova)

Mãos abertas, palmas para dentro. Uma um pouco mais à frente que a outra. Abaixe-as juntas e as levante duas vezes.

EXÉRCITO

Mão direita em "U", posicionada do lado direito da cabeça, palma para frente. Tocar a lateral direita da testa uma vez.

EXTRA

Mão direita em "X", posicionada na frente do corpo, sobre o pulso da mão esquerda em "S". Puxar a mão direita para trás.

FÁBRICA

As duas mãos em "S", posicionadas na altura dos ombros, uma de frente para a outra. Mexê-las para cima e para baixo, em movimentos alternados.

FACA

As duas mãos em "U", posicionadas horizontalmente. Os dedos indicador e médio da mão esquerda apontados para a direita e os da mão direita apontados para frente. Mexer para frente e para trás a mão direita.

FARMÁCIA

Mão esquerda aberta com a palma para cima. Mão direita em "S", posicionada sobre a palma da mão esquerda. Girar o pulso da mão direita no sentido anti-horário duas vezes.

FAZENDA

Mão direita configurada em "Y", posicionada ao lado da testa. Colocar o dedo polegar na têmpora, girando-o para cima. Em seguida, abrir a mão direita, com a palma para baixo, fazendo movimento circular.

FEBRE

Mão direita em "B", deitada, palma para frente. Encostá-la no meio da testa.

FEIRA

Mão esquerda configurada em "1", com a palma virada para o lado direito. Mão direita aberta, com dedos contraídos. Apoiar a mão direita na ponta do dedo indicador da mão esquerda e movimentá-la de cima para baixo, duas vezes.

FERIADO

Fazer o sinal de VERMELHO (p. 275) e, em seguida, abrir as mãos com os dedos separados e esticados, palmas para baixo, encostando os polegares nas axilas. Balançar os dedos indicador, médio, anelar e mínimo.

FÉRIAS

Mão esquerda com a palma para baixo, posicionada na frente do corpo. Mão direita em "F", posicionada sobre o dorso da esquerda, palma para dentro. Circular a mão direita para o lado esquerdo.

FERRO

Mão direita em "Y" na vertical, palma para dentro. Mão de apoio com a palma para baixo. Com o dedo mínimo, tocar, duas vezes, o dorso da mão de apoio.

FESTA

As duas mãos configuradas em "Y", palmas para dentro. Dispor ambas as mãos na altura do peito e encostar a ponta dos dedos mínimos no peito. Levá-las para cima, ao mesmo tempo, em movimento retilíneo.

FIO

As duas mãos abertas com os dedos indicador e polegar unidos pelas pontas. Ambas se encostam com as palmas viradas de frente uma para a outra e se afastam para lados opostos, simulando esticar um fio.

FISCAL

Mão direita configurada em "A" com a palma para dentro. Posicioná-la na clavícula do lado esquerdo e girar o pulso duas vezes.

FLECHA

Mãos configuradas em "S", com uma palma de frente para a outra. Movimentar a mão direita para trás e a esquerda levemente para frente, simulando soltar a flecha do arco.

FOGO

As duas mãos abertas na frente do corpo com as palmas viradas para cima, dedos separados e meio curvados. Levantá-las para cima, alternadamente, trepidando os dedos.

FOGOS DE ARTIFÍCIO

Mão direita em "A" com o dedo indicador levemente para cima, palma para a esquerda; soprar.

FOGUETE ESPACIAL

Mão esquerda aberta com os dedos unidos. Mão direita em "1", palma para frente. Encostar a mão direita na palma da mão esquerda e subi-la em movimento reto, soprando.

FORMATURA

As duas mãos posicionadas na frente do corpo, com as palmas viradas para baixo. Movimentá-las para frente e para trás, em sentidos opostos, configurando ambas as mãos em "S", enquanto estiver movimentando-as.

FUMAÇA

As duas mãos abertas, dedos curvados. Trepidar os dedos, levando as mãos para cima, soprar e semicerrar os olhos.

GARFO

Mão direita configurada em "3", posicionada em cima da mão esquerda, que também deverá estar com a palma para cima. Levar a mão direita, levemente, para frente em arco.

GASOLINA

Mão esquerda em "O", palma para a direita; mão direita em "L", palma para dentro. Encaixar o dedo indicador da mão direita dentro do "O" da mão esquerda.

GELADEIRA

Fazer o sinal de GELADO (p. 307) e, em seguida, configurar a mão direita em S com a palma para a esquerda, em frente ao corpo. Com a mão direita, simular que está puxando a porta da geladeira.

GIZ

Mão direita fechada, com os dedos indicador e polegar esticados e unidos pelas pontas; palma para frente, simulando escrever na lousa.

GOVERNO

Mão direita aberta, palma para cima. Encostá-la no ombro esquerdo, tocando-o com o dedo mínimo e, em seguida, levar a mão para a lateral direita da barriga.

GRÃO

Mão direita fechada, posicionada ao lado esquerdo, com os dedos polegar e indicador estendidos.

GRIPE

Segurar o nariz com o dedo indicador e o polegar da mão direita, levando-a para baixo.

GUARDANAPO

Mão direita em "B" com a palma para dentro. Tocar a boca e afastar a mão, simulando limpá-la com um guardanapo.

GUERRA

As duas mãos configuradas em "X", posicionadas na frente do corpo com as palmas viradas para dentro. Levá-las, alternadamente, para frente e para trás, fazendo expressão facial negativa.

GULA

Configurar em "C" apenas os dedos indicador e o polegar de ambas as mãos, uma palma de frente para a outra. Posicioná-las à frente dos olhos e levá-las juntas para frente, duas vezes, arregalando os olhos.

HELICÓPTERO

Mão esquerda configurada em "L" horizontal. Mão direita aberta. Apoiá-la sobre o polegar da mão esquerda, trepidando os dedos.

HISTÓRIA

Mão direita configurada em "V", posicionada na lateral direita da testa, acima da sobrancelha; palma para frente. Arrastá-la, duas vezes, para frente.

HORROR

Mão direita aberta, palma para dentro. Posicioná-la no estômago e arrastá-la para cima.

HOSPITAL

Mão direita em "D", palma virada para o lado esquerdo. Tocar, com a lateral do dedo indicador, o centro da testa, encolhendo-o e esticando-o.

HOTEL

Braço esquerdo na horizontal. Mão direita aberta, apontada para frente, com o cotovelo direito apoiado no dorso da mão esquerda.

IDADE

Mão direita em "Y", palma virada para dentro. Encostar o dedo mínimo no lado direito do peito e arrastá-lo para cima, indo em direção ao ombro direito. Repetir duas vezes.

IDEIA

Mão direita configurada em "1", palma virada para a face. Tocar a ponta do dedo indicador na testa e subir a mão em semicírculo.

IMPOSTO

Mão esquerda aberta com dedos unidos, palma virada para o lado direito. Mão direita configurada em I com a palma para dentro. Passar a mão direita pela palma da mão esquerda, de cima para baixo.

INQUÉRITO

Mão esquerda aberta, palma virada para o lado direito, dedos unidos, apontando para a frente. Mão direita em "1", encostada na palma da mão esquerda, palma para baixo, dedo indicador apontando para a frente. Arrastar a mão direita, para frente e para trás, na mão esquerda e fazer expressão facial interrogativa.

INVEJA

Mão direita configurada em "X", com a palma para esquerda. Colocar a mão em "X" entre os dentes, mordendo o dedo indicador, e semicerrar os olhos.

JANELA

As duas mãos em "S" apoiadas sobre os cotovelos. Levantar a mão de cima, deixando-a na vertical.

JARDIM

Mão direita configurada em "F", palma virada para a esquerda. Tocar a ponta do nariz com a ponta do dedo indicador e levar a mão para cima (duas vezes). Em seguida, abrir a mão direita, palma para baixo, e fazer o movimento circular.

JORNAL

Mão esquerda aberta, palma para o lado direito, dedos apontando para a frente. Mão direita configurada em "L", palma para o lado esquerdo. A mão direita toca a palma da mão esquerda e ambas se afastam para lados opostos.

JUIZ

Mão direita aberta com os dedos unidos, palma para baixo. Bater a ponta dos dedos, duas vezes, na lateral direita do pescoço.

JUSTIÇA

As duas mãos abertas com as palmas uma de frente para a outra. Dedos indicador e polegar se unem pelas pontas, formando um círculo. Abaixá-las e levantá-las alternadamente, simulando uma balança de dois pesos.

LADRÃO

Com a boca semiaberta, passar a língua do canto direito para o canto esquerdo da boca.

LAMA

As duas mãos abertas, palmas para baixo, dedos unidos. Esfregar as pontas dos dedos como se estivesse espalhando areia, afastando as mãos para lados opostos. Em seguida, abrir novamente as mãos e tocar os dedos médios nos polegares, duas vezes.

LANCHE

Simular alguém levando um lanche à boca.

LÁPIS

Mão direita fechada, posicionada ao lado direito da boca, com os dedos indicador e polegar esticados e unidos pelas pontas. Esfregar o dedo indicador no polegar.

LAPISEIRA

Fazer o sinal de LÁPIS (p. 111) e, em seguida, o sinal de CANETA (p. 91).

LATA

Fazer o sinal de FERRO (p. 104) e, em seguida, configurar apenas os dedos indicador e polegar da mão direita em "C", a palma deve estar para frente.

LEI

Mão esquerda aberta, palma para frente. Mão direita configurada em "L", palma para frente. Tocar a mão direita na palma da mão esquerda.

LEILÃO

Mão direita em "A", posicionada do lado direito do corpo, com a palma virada para o lado esquerdo. Abaixar e levantar a mão, simulando bater o martelo.

LICENÇA

As duas mãos abertas na horizontal, palmas para dentro. Unir as pontas dos dedos médios e apontá-los para a frente. Em seguida, separar as duas mãos, levemente, trazendo-as para trás.

LIVRO

Mãos unidas palma a palma. Abri-las como um livro.

LUGAR

Mãos fechadas diante do tronco, separadas; dedos indicador e polegar formando "C". Elevar e baixar as mãos juntas em dois lugares diferentes.

MADEIRA

Mão direita em "B", cotovelo direito apoiado na palma esquerda. Virar a mão direita, duas vezes, para frente e para dentro.

MÁQUINA

Mão direita aberta, palma para o lado esquerdo, dedos apontando para a frente. Mão esquerda em "1", com o indicador tocando o centro da palma da mão direita. Trepidar a mão direita.

MÁQUINA DE LAVAR

Fazer sinal de ROUPA (p. 241), em seguida, configurar a mão direita em "1", com o dedo indicador apontando para cima, fazendo movimento circular para o lado esquerdo.

MARINHA

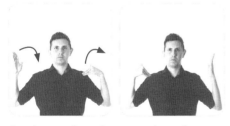

As duas mãos abertas acima dos respectivos ombros, palmas para baixo. Tocar os ombros alternadamente.

MARINHEIRO

Fazer o sinal de HOMEM (p. 135) e o sinal de MARINHA (p. 113).

MECÂNICO

Fazer sinal de CONSERTAR (p. 43) e, em seguida, o de AUTOMÓVEL (p. 86).

MEDICINA

Fazer sinal de MÉDICO (p. 114) e de ESTUDAR (p. 55).

MÉDICO

Mãos configuradas em "X", palma esquerda para dentro e palma direita para esquerda. Bater a ponta do dedo direito no dedo esquerdo duas vezes.

MERENDA

Fazer o sinal de COMER (p. 42).

MESA

Mãos abertas com as palmas para baixo, ambas unidas pelos polegares. Afastá-las para lados opostos e virar as palmas para dentro, de modo que fiquem uma de frente para a outra.

METAIS

Fazer o sinal de FERRO (p. 104) e, em seguida, as duas mãos em "1", uma apontando para a outra, tocam-se três vezes pelas pontas dos dedos.

MICROSCÓPIO

Mãos em "O" horizontal, a mão direita por cima da esquerda. Colocar o olho direito bem em cima da mão direita, simulando alguém examinando algo por baixo do microscópio.

MOLEQUE

Mãos abertas, palma esquerda para frente, posicionada ao lado do rosto, palma direita para dentro, posicionada no canto da barriga. Bater a mão direita no canto da barriga duas vezes.

MOTOR

Mão direita aberta, palma para o lado esquerdo, dedos apontando para frente. Mão esquerda em "1", com o indicador tocando o centro da palma da mão direita. Trepidar a mão direita.

MOVIMENTO

As duas mãos abertas, na frente do corpo, dedos separados apontando para frente, palmas para baixo, lado a lado. Mover as mãos para frente e para trás, movimentando os dedos para cima e para baixo.

MULTA

Mão esquerda aberta com a palma para cima. Mão direita fechada com o polegar para fora, palma para baixo. Bater a mão direita na palma esquerda e, em seguida, subi-la, abrindo-a e batendo novamente na mão esquerda.

MÚSICA

As duas mãos em "1", apontando para frente. Fazer movimentos sinuosos para lados opostos, simulando reger uma orquestra.

NAVIO

Mãos abertas em posição horizontal e em forma de concha, um pouco inclinadas, tocando-se pelas pontas dos dedos, dando ideia de um grande casco de um navio. Movê-las devagar para frente, simulando o balançar da água.

NEGÓCIO

As duas mãos em "A", na frente do corpo, com as palmas viradas para dentro. Circular as duas mãos alternadamente para dentro.

NOME

Mão direita configurada em "U", palma para baixo. Posicioná-la na frente do corpo do lado esquerdo e deslizá-la para o lado direita.

MEU NOME

Mão direita configurada em "U", palma para dentro. Posicioná-la na frente do corpo, do lado esquerdo, e deslizá--la para o lado direito.

SEU NOME

Mão direita configurada em "U", palma para frente. Posicioná-la na frente do corpo, do lado esquerdo, e deslizá--la para o lado direito, fazendo expressão facial de questionamento.

NOTÍCIA

As duas mãos configuradas em "Y", dedos polegares encostados nos cantos da boca. Levar as mãos para frente.

OBRIGADO

Mão direita aberta, palma para dentro. Posicionar os dedos na cabeça. Mover a mão direita para frente, subindo-a.

ÓLEO LUBRIFICANTE

Mão esquerda aberta com a palma para cima. Mão direita em "Y", com a palma virada para dentro. Com a ponta do dedo mínimo, tocar a palma da mão esquerda, fazendo movimentos circulares para o lado esquerdo.

ÔNIBUS

Mãos configuradas em "1", palmas para dentro. Unir as mãos por meio dos dedos e movê-las para frente até se desencostarem.

OPERAÇÃO (Cirurgia)

Simular cortar a lateral da barriga com uma tesoura.

ÓRBITA

Mão esquerda em "O". A mão direita em "1". Circular a mão esquerda, com a mão direita, duas vezes.

OSSO

Apontar os dentes e, logo depois, bater com força, duas vezes, no dorso do pulso esquerdo com o lado do dedo indicador da mão direita em "A".

OURO

Mão direita aberta, palma para dentro. Tocar a boca com o dedo médio, trepidando a mão direita.

PACIÊNCIA

As duas mãos em "U", palmas viradas para cima. Mão direita sobre a mão esquerda, sendo que o U da mão esquerda aponta para a direita e o da mão direita aponta para a mão esquerda. Levar as mãos para cima e para baixo duas vezes, apertando os olhos e pressionando os lábios.

PADARIA

Fazer o sinal de CASA (p. 92) e o de PÃO (p. 156).

PAÍS

Mão esquerda em "S", palma para baixo. Com a mão direita em "P", traçar um círculo no dorso da mão esquerda com a ponta do dedo médio.

PALHAÇO

Colocar as pontas dos dedos da mão direita curvados perto da ponta do nariz e tremular a mão rapidamente.

PAPEL

Mão esquerda aberta, palma para a direita. Mão direita em "L" horizontal, palma para a esquerda. Bater duas vezes a mão direita na palma esquerda.

PAREDE

Mão direita aberta, colocada ao lado direito do tronco, à altura da cintura, palma para a esquerda. Elevá-la até a altura da cabeça.

PERFUMARIA

Fazer o sinal de CASA (p. 92) e o de PERFUME (p. 241).

PERIGO

Mão direita em "1". Encostar o dedo indicador no lado direito do nariz, movendo a mão, duas vezes, para cima e para baixo.

PESSOA

Mão direita aberta com palma virada para dentro. Tocar o dedo médio no lado esquerdo da testa e arrastar para o lado direito.

PILOTO

Fazer o sinal de AUTOMÓVEL (p. 86).

PIRES

Dedos indicador e polegar das duas mãos configurados em "C", posicionados em frente ao corpo, com uma palma de frente para a outra. Em seguida, fazer o sinal de CAFÉ (p. 149).

PNEU

Fazer o sinal de BORRACHA (p. 89) e, em seguida, desenhar um círculo e com a mão direita em "1", palma para baixo, dedo indicador apontando para frente.

POLÍCIA

Dedos indicador e polegar da mão direita, formando "O", demais dedos distendidos, palma para a esquerda. Colocar a mão do lado esquerdo do peito.

PONTE

Mão direita em "V", palma para dentro. Estender o braço esquerdo para frente, palma para baixo, e colocar o "V" debaixo do cotovelo e do pulso.

POVO

As duas mãos configuradas em "P" com uma palma de frente para a outra. Fazer círculos para frente, levando as mãos alternadamente.

PRAÇA

Mão direita aberta com os dedos esticados, palma para baixo. Fazer movimento circular.

PRATA

Mão esquerda em "S", palma para baixo. Mão direita em "P" horizontal, palma para dentro. Colocar com força os lados dos dedos indicador e médio da mão direita sobre o dorso da mão esquerda.

PRATO

Dedos indicador e polegar das duas mãos configurados em "C" e posicionados na frente do corpo, uma palma de frente para a outra.

PREFEITO

Fazer o sinal de HOMEM (p. 135) e o de PREFEITURA (p. 121).

PREFEITURA

Mão direita fechada, posicionada na lateral esquerda da testa, palma para dentro. Deslizar a mão para a lateral direita da testa, abrindo-a em "P".

PREGO

Mão esquerda em "S" palma para baixo. Mão direita em "P". Com a ponta do dedo médio da mão direita, tocar o dorso da mão esquerda e, em seguida, bater a parte interna do pulso direito no dorso da mão esquerda.

PREGUIÇA

Pontas dos dedos da mão direita unidas, tocando a testa. Baixar a mão numa linha reta e inclinar um pouco a cabeça para frente ao mesmo tempo.

PRESENTE

Mãos abertas, dedos bem separados. Apenas os dedos mínimos e anelares fechados. Circular as mãos para frente, estando uma um pouco mais adiantada que a outra. Logo depois de dar um círculo completo, puxar as duas mãos para lados opostos, unindo os dedos.

PRESIDENTE

Mão direita configurada em "P", posicionada na frente do corpo do lado esquerdo. Arrastar a mão para o lado direito, descendo-a na diagonal.

PROFESSOR

Mão direita em "P". Elevá-la, movendo-a para a esquerda, e baixá-la outra vez.

PROGRESSO

As duas mãos abertas, dedos unidos, palmas para baixo, levemente inclinadas, dedos apontando uns para os outros. Levá-las, alternadamente, para cima, simulando subir uma escada.

PULSO

Mão esquerda aberta, palma para cima. Colocar a ponta do dedo indicador no pulso esquerdo, onde pode sentir as pulsações do coração.

PUNHO

Dedos polegar e indicador da mão direita configurados em "C", posicionados no dorso do pulso da mão esquerda. Mexê-los para frente e para trás.

PURO

P-U-R-O

QUADRO

As duas mãos em "L", palmas para frente, simulando pendurar um quadro na parede.

QUILO

As duas mãos abertas, dedos esticados, apontando para frente, palmas para cima. Levantá-las em movimentos alternados.

RÁDIO

Mão direita em "C", com a palma para esquerda, encostada no ouvido direito.

RAINHA

Fazer o sinal de COROA (p. 97) e o de MULHER (p. 135).

RAZÃO

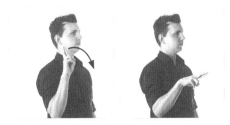

Mão direita em "R", dedos apontados para cima, palma para frente. Abaixá-la levemente.

RÉGUA

Braço esquerdo em posição horizontal, palma para baixo. Simular alguém traçando uma linha do cotovelo ao pulso, no lado de fora.

REI

Mão direita aberta, palma para baixo, dedos separados e curvados. Colocar a mão em cima da cabeça, como uma coroa.

RELÓGIO DE PULSO

Mão direita em "C". Encostá-la na parte de cima do pulso da mão esquerda. Em seguida, configurar a mão direita em "L" e fazer o movimento do ponteiro.

REMÉDIO

Mão esquerda aberta, palma para cima. Mão direita em "S" horizontal, palma para dentro. Esfregar a mão direita, em pequenos círculos, sobre a palma esquerda e, em seguida, simular levar o remédio à boca.

REPRESA

Fazer o gesto de PAREDE (p. 118) e o de ÁGUA (p. 147).

REPRESENTANTE

Mão direita em "R", colocada ao lado da cabeça. Passá-la sobre o tronco até o lado esquerdo do quadril.

RESTAURANTE

Mão direita em "R", posicionada no canto direito da boca. Traçar um semicírculo em direção ao canto esquerdo da boca.

REUNIÃO

As duas mãos em "R" afastadas. Palmas para fora. Aproximá-las, fazendo um semicírculo, de modo que se unam na frente do corpo.

RODA

Dedos indicador e polegar da mão esquerda em "C", demais dedos fechados. Em seguida, rodar a mão direita em "D", horizontal, dentro da mão esquerda em "C".

RUA

Antebraço esquerdo em posição horizontal, palma para baixo, dedos para a direita. Mão direita em "B", apontando para baixo, palma para dentro. Mover a mão direita para a esquerda e para a direita duas vezes, ao longo do antebraço esquerdo, no lado de fora.

SACOLA

Simular alguém carregando uma sacola.

SALÁRIO

Mão direita fechada, dedos esticados e unidos com a palma para baixo. Simular alguém colocando a nota dentro do bolso da camisa.

SANGUE

Fazer o sinal de VERMELHO (p. 275) e passar a ponta do indicador da mão direita ao longo da parte interna do antebraço esquerdo, de cima para baixo e vice-versa.

SAUDADE

Mão direita em "S", palma para dentro. Traçar um grande círculo lentamente sobre o peito, simulando alguém "com saudades".

SECRETÁRIO

As duas mãos abertas, dedos unidos. Passar a ponta dos dedos da mão direita, levemente curvados, sobre a palma da mão esquerda, traçando uma linha horizontal.

SEGREDO

Mão esquerda em "A", apontando para cima. Mão direita aberta, dedos levemente curvados. Simular guardar algo na manga da blusa.

SERRA

Colocar a mão direita aberta em posição horizontal e, com a mão esquerda fechada, simular alguém serrando.

SERROTE

Colocar a mão esquerda fechada em posição horizontal, palma para baixo, e, com a mão direita aberta, simular alguém serrando, em movimentos rápidos, o pulso da mão esquerda no lado de fora.

SILÊNCIO

Mão direita em "D", palma para a esquerda. Encostar, levemente, o dedo indicador nos lábios.

SIMPATIA

As duas mãos em "F", encostadas lado a lado, palmas para baixo. Afastá-las, em semicírculo, para fora.

SINO

Mão direita aberta, dedos separados e curvados, apontando para baixo. Mover a mão em curvas pequenas para a direita e para a esquerda, simulando um sino badalando.

SÓCIO

Mão esquerda aberta, palma para cima. Mão direita em "A", polegar bem destacado. Comprimir a parte interna do polegar direito sobre a palma da mão esquerda.

SOLDADO

Com a mão direita, simular um soldado fazendo continência.

SORTE

Balançar, levemente, as mãos em "L" horizontal, diante do peito, fazendo expressão facial positiva.

SUBSTITUTO

As duas mãos em "1" cardinal, com o dedo polegar apontado para cima. Encaixar a mão direita sobre a esquerda.

SURPRESA

Mãos abertas, lado a lado, tocando, levemente, abaixo dos ombros, de baixo para cima, arregalando os olhos.

TÁXI

As duas mãos abertas, palmas para dentro. Encaixar o pulso da mão direita na mão esquerda, entre o polegar e o dedo indicador, mexendo a mão direita para baixo duas vezes.

TELEFONE

Mão direita em "Y". Colocar o dedo polegar na orelha direita e o mínimo nos lábios.

TELEVISÃO

Mãos em "L", separadas, palmas para frente. Movê-las, alternadamente, para cima e para baixo.

TIGELA

Mãos em "C" palmas para cima, lado a lado. Afastá-las, virando-as palma a palma, em posição horizontal, indicando a forma e tamanho da tigela.

TOSSE

Colocar a mão direita em "S", palma para a esquerda, diante da boca e tossir levemente.

TREINO

Braço esquerdo estendido, mão aberta, palma para cima. Mover a mão direita de cima para baixo, repetindo esse sinal.

TREM

Mãos em "B" horizontal, separadas, dedos para frente, palma a palma; mão esquerda mais para frente. Movê-las para frente em círculos.

TUBERCULOSE

Fazer o sinal de TOSSE (p. 128) e, logo após, tocar as costas por cima do ombro direito, com a mão direita, duas vezes.

URTICÁRIA

Coçar, duas vezes, o dorso da mão esquerda.

VELA

Mão esquerda em "D". Mão direita aberta, encostada na mão esquerda, dedos esticados e separados. Colocar a ponta do dedo indicador no dorso da mão direita e trepidar, rapidamente, os dedos da direita.

VENENO

Mão direita em "S", palma para baixo. Colocá-la diante da boca e movê-la, ligeiramente, para frente em "V" horizontal, palma para baixo.

VENTILADOR

Mão direita aberta, palma para a esquerda, dedos separados. Mão esquerda em "D" horizontal, palma para dentro. Colocar a ponta do dedo indicador da mão esquerda no meio da palma da mão direita e tremular a mão direita, rapidamente, soprando.

VERDADE

Mão esquerda aberta, palma para cima. Mão direita em "P". Bater com força, duas vezes, a ponta do dedo médio da mão direita na palma esquerda.

VEZ

Mão esquerda aberta, palma para a direita. Mão direita em "A" horizontal, palma para baixo, polegar bem destacado. Riscar, em uma curva para cima, a ponta do polegar da mão direita na palma esquerda e, logo depois, fazer o sinal dos números 1, 2, 3...

VICE-PRESIDENTE

Fazer o sinal de PRESIDENTE (p. 121) e o de SUBSTITUTO (p. 127).

VIDRO

Tocar o dorso da mão esquerda em "S", duas vezes, com a mão direita em "V", palma para baixo.

VIZINHO

Fazer o sinal de CASA (p. 92) e movimentar as mãos para o lado direito, repetindo o sinal três vezes.

VONTADE

Mão direita em "D", palma para dentro. Com a ponta do indicador, riscar duas vezes, de cima para baixo, o pescoço.

VOZ	XÍCARA

Mão direita em "V", posicionada no pescoço, palma para baixo. Encostar a ponta dos dedos indicador e médio na base do pescoço e levá-la em direção do queixo, como se estivesse saindo pela boca.	Simular alguém segurando uma xícara e levando-a à boca.

HOMEM E FAMÍLIA

HOMEM

Mão direita em "C". Colocar as pontas dos dedos, levemente, no queixo e afastar a mão para baixo, unindo as pontas dos dedos.

MULHER

Mão direita em "A", palma para a esquerda, polegar bem destacado. Passar o polegar sobre a bochecha direita, duas vezes.

FAMÍLIA

Mãos em "F", separadas palma a palma. Movê-las em uma curva para frente até os dedos mínimos se tocarem pelos lados.

MARIDO

Fazer o sinal de HOMEM (p. 135) e o de CASAR (p. 40).

ESPOSA

Fazer o sinal de MULHER (p. 135) e o de CASAR (p. 40).

PAI

Fazer o sinal de HOMEM (p. 135) e, logo depois, beijar o dorso da mão direita.

MÃE

Fazer o sinal de MULHER (p. 135) e, logo depois, beijar o dorso da mão direita.

BEBÊ

Simular alguém embalando um bebê.

FILHO

Mão direita aberta, palma para dentro, dedos esticados e separados. Colocar as pontas dos dedos no meio do peito e afastar a mão para frente, unindo as pontas dos dedos ao mesmo tempo. Em seguida, fazer o sinal de HOMEM (p. 135).

FILHA

Fazer a primeira parte do sinal de FILHO (p. 136) e, logo depois, o sinal de MULHER (p. 135).

MENINO

Fazer o sinal de HOMEM (p. 135) e indicar a altura dele com a mão direita aberta, palma para baixo.

MENINA

Fazer o sinal de MULHER (p. 135) e indicar a altura dela com a mão direita aberta, palma para baixo.

JOVEM

Mãos abertas em posição horizontal, no lado esquerdo do tronco, dedos curvados e apontando para cima, mão esquerda um pouco mais afastada para a esquerda. Dobrar os dedos juntos duas vezes.

RAPAZ

Fazer o sinal de HOMEM (p. 135) e o de JOVEM (p. 137).

MOÇA

Fazer o sinal de MULHER (p. 135) e o de JOVEM (p. 137).

IRMÃO

Fazer o sinal de HOMEM (p. 135) e, em seguida, esfregar os dedos indicadores.

IRMÃ

Fazer o sinal de MULHER (p. 135) e, em seguida, esfregar os dedos indicadores.

MEIO-IRMÃO

Fazer o sinal de HOMEM (p. 135) e o de IRMÃO (p. 137). Em seguida, configurar as mãos em "D", formando uma cruz, e arrastar a mão direita para o lado direito.

MEIA-IRMÃ

Fazer o sinal de MULHER (p. 135) e o de IRMÃ (p. 137). Em seguida, configurar as mãos em "D", formando uma cruz, e arrastar a mão direita para o lado direito.

IRMÃO DE CRIAÇÃO

Fazer o sinal HOMEM (p. 135), e esfregar os dedos indicador e médio da mão direita. Em seguida, configurar a mão direita em "5", na altura da bochecha, e juntá-la em "S", abrindo a boca.

IRMÃ DE CRIAÇÃO

Fazer o sinal MULHER (p. 135), e esfregar os dedos indicador e médio da mão direita. Em seguida, configurar a mão direita em "5", na altura da bochecha, e juntá-la em "S", abrindo a boca.

AVÔ

Fazer o sinal de HOMEM (p. 135) e, em seguida, o de VELHO (p. 306).

AVÓ

Fazer o sinal de MULHER (p. 135) e, em seguida, o de VELHO (p. 306).

TIO

Mão direita em "C" com a palma para a esquerda. Encostar a unha do polegar na testa e, em seguida, fazer sinal de HOMEM (p. 135).

TIA

Mão direita em "C" com a palma para a esquerda. Encostar a unha do polegar na testa e, em seguida, fazer o sinal de MULHER (p. 135).

PRIMO

Mãos em "D" horizontal, apontadas para frente, separadas palma a palma. Colocá-las na lateral da cintura e afastá-las, alternadamente, para frente e para trás, fazendo, logo depois, o sinal de HOMEM (p. 135).

PRIMA

Mãos em "D" horizontal, apontadas para frente, separadas palma a palma. Colocá-las na lateral da cintura e afastá-las, alternadamente, para frente e para trás, fazendo, logo depois, o sinal de MULHER (p. 135).

PADRASTO

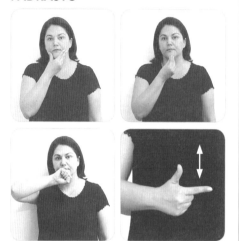

Fazer o sinal de PAI (p. 135) e o de 2º (p. 27).

MADRASTA

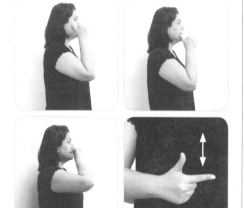

Fazer o sinal de MÃE (p. 136) e o de 2º (p. 27).

SOLTEIRO

Fazer o sinal de HOMEM (p. 135) e, em seguida, configurar a mão direita em "S", palma para frente, posicionando-a na frente do corpo. Circular a mão duas vezes.

SOLTEIRA

Fazer o sinal de MULHER (p. 135) e, em seguida, configurar a mão direita em "S", palma para frente, posicionando-a na frente do corpo. Circular a mão duas vezes.

NOIVO

Fazer sinal de HOMEM (p. 135) e, em seguida, abrir a mão direita, com a palma para frente, e bater o dedo polegar no dedo anelar.

NOIVA

Fazer sinal de MULHER (p. 135) e, em seguida, abrir a mão direita, com a palma para frente, e bater o dedo polegar no dedo anelar.

SOGRO

Fazer o sinal de HOMEM (p. 135), configurar a mão direita em "S", palma para a frente, posicionando-a na frente do peito do lado esquerdo, e arrastá-la para o lado direito.

SOGRA

Fazer o sinal de MULHER (p. 135), configurar a mão direita em "S", palma para a frente, posicionando-a na frente do peito no lado esquerdo, e arrastá-la para o direito.

GENRO

Mão direita em "G", posicionada na frente do peito no lado esquerdo. Mexer os pulsos para cima e para baixo.

NORA

Mão direita em "N", posicionada na frente do peito no lado esquerdo. Mexer os pulsos para cima e para baixo.

CUNHADO

Fazer o sinal de HOMEM (p. 135) e configurar a mão direita em "C", palma para a esquerda, posicionando-a na frente do peito do lado esquerdo e arrastando-a para o lado direito.

CUNHADA

Fazer o sinal de MULHER (p. 135) e configurar a mão direita em "C", palma para a esquerda, posicionando-a na frente do peito do lado esquerdo e arrastando-a para o lado direito.

SOBRINHO

Fazer o sinal de HOMEM (p. 135), abrir a mão direita, deixando-a posicionada na frente da testa, com os dedos unidos, polegar para trás, e encostá-la no alto da testa, subindo-a um pouco.

SOBRINHA

Fazer o sinal de MULHER (p. 135), abrir a mão direita, deixando-a posicionada na frente da testa, com os dedos unidos, polegar para trás, encostá-la no alto da testa, subindo-a um pouco.

PADRINHO

Fazer o sinal de HOMEM (p. 135), abrir a mão direita, deixando-a posicionada na frente da testa, com os dedos esticados e unidos, polegar para trás, e encostá-la no alto da testa, puxando-a para cima.

MADRINHA

Fazer o sinal de MULHER (p. 135), abrir a mão direita, deixando-a posicionada na frente da testa, com os dedos esticados e unidos, polegar para trás, e encostá-la no alto da testa, puxando-a para cima.

VIÚVO

Fazer o sinal de HOMEM (p. 135) e, logo depois, colocar os dedos da mão direita em "V" no dorso do dedo anelar esquerdo.

VIÚVA

Fazer o sinal de MULHER (p. 135) e, logo depois, colocar os dedos da mão direita em "U" no dorso do dedo anelar esquerdo.

ALIMENTOS E BEBIDAS

ABACATE

Mão esquerda aberta em forma de concha, dedos curvados apontando para cima. Com as unhas dos dedos da mão direita, raspar a palma da mão esquerda, simulando uma colher.

ABACAXI

Braço esquerdo posicionado verticalmente em frente ao corpo, palma para dentro. Braço direito na horizontal. Passar o dedo mínimo da mão direita, de cima para baixo, duas vezes, no braço esquerdo.

ABÓBORA

Fazer o sinal de LARANJA (p. 153). Em seguida, com as duas mãos abertas, dedos separados e, levemente, flexionados na frente do corpo, simular o formato da abóbora.

AÇÚCAR

Mão direita aberta, palma para dentro. Esfregar, levemente, as pontas dos dedos nos lábios, em pequenos círculos.

ÁGUA

Mão direita em "L", palma para a esquerda. Colocar a ponta do polegar no queixo e mover um pouco o dedo indicador.

ALFACE

Mãos abertas, unidas pelos pulsos, palmas e dedos separados e curvados, apontando para cima; elevar um pouco as mãos.

AMENDOIM

Mãos unidas, configuradas em "1", com uma palma de frente para a outra. Baixar o dedo polegar e, em seguida, separar as mãos.

ARROZ

Esfregar as mãos em "A", palma a palma, uma contra a outra, para cima e para baixo.

AZEITONA

Fazer o sinal de VERDE (p. 275). Em seguida, sinalizar a letra "O" apenas com o indicador e o polegar.

BALA

Tocar, levemente, duas vezes, com a ponta do indicador direito, o lado direito da face, distendida pela ponta da língua.

BANANA

Mão esquerda em "D", palma para a direita. Colocar a ponta dos dedos indicador e polegar da mão direita na ponta do indicador esquerdo e simular alguém descascando uma banana, baixando a mão direita em pequenas curvas, duas vezes.

BATATA

Mãos fechadas, uma sobre a outra. Separá-las, abrindo-as e, em seguida, tocá-las novamente, fechando-as, repetindo o movimento duas vezes.

BISCOITO

Dedos indicador e polegar da mão direita formam um "C" horizontal. Demais dedos fechados, com a palma para dentro. Colocar as pontas dos dedos em "C" nos cantos da boca e simular alguém mordendo um biscoito.

BOLO

Mãos em "C", horizontal, separadas palma a palma. Baixar um pouco as mãos e, depois, com a mão direita aberta, simular alguém cortando fatias em forma de "V", sobre a palma esquerda.

CACHAÇA

Mão direita em posição horizontal, dedos indicador e mínimo da mão direita distendidos, demais dedos fechados, palma para dentro. Encostar a ponta do indicador entre os lábios e virar, ligeiramente, a mão e a cabeça para trás, ao mesmo tempo.

CAFÉ

Com as pontas dos dedos indicador e polegar da mão direita unidas, demais dedos distendidos, simular alguém levando uma xícara de café à boca.

CAJU

Mão esquerda em "S". Mão direita em "X". Colocar o dorso do dedo indicador da mão direita embaixo da mão esquerda.

CAMARÃO

Mão direita em "X" com a palma para a esquerda. Movimentá-la, de maneira que a palma fique para dentro. Repetir duas vezes.

CANA

Mão direita em "D" horizontal, palma para baixo. Colocar o indicador entre os dentes, movendo a cabeça um pouco para frente, simulando alguém mordendo a cana.

CARNE

Mão esquerda aberta, palma para baixo, na frente do corpo. Mão direita com os dedos polegar e indicador beliscando o dorso da mão esquerda.

CEBOLA

Mão esquerda em "O" horizontal, palma para baixo. Mão direita em B horizontal, palma para a esquerda, dedos para frente. Simular alguém cortando uma cebola, passando a mão direita perto da esquerda, e, logo depois, levar a mão direita em "D" ao canto do olho para enxugar as lágrimas.

CENOURA

Dedos indicador e polegar das duas mãos, lado a lado, unidos; demais dedos estendidos. Afastar as mãos em sentido oposto e, em seguida, fazer o sinal de COELHO (p. 166).

CERVEJA

Mão direita aberta, palma para a esquerda. Simular alguém segurando a alça de uma caneca de chope e fazer movimentos circulares.

CHÁ

Mão esquerda em "C" horizontal, palma para a direita. Pontas dos dedos indicador e polegar da mão direita unidos, apontando para baixo. Fazer movimentos retos para cima e para baixo, duas vezes, simulando a infusão do saquinho de chá na água quente.

CHICLETE

Com as pontas dos dedos indicador e polegar, simular alguém esticando o chiclete para fora da boca, abrindo-a e fechando-a.

CHOCOLATE

Mãos em "U" horizontal, uma de frente para a outra. Colocar a direita sobre a esquerda, cruzando-as, e passar os dois lados dos dedos para frente e para trás.

CHOPE

C - P

CHUCHU

Mão esquerda fechada. Sinalizar o "C" com os dedos indicador e polegar da mão direita e passá-los pelo dorso da mão esquerda.

COCO

Simular alguém sacudindo um coco nas mãos curvadas, perto da orelha direita.

COUVE-FLOR

Mãos e dedos curvados, em posição vertical, tocando-se pela parte interna dos pulsos. Afastar as mãos, deixando os pulsos unidos e, a seguir, fazer o sinal de FLOR (p. 178).

CREME

 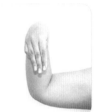

C-R-E-M-E

EMPADA

Mão esquerda em "C" horizontal, palma para a direita. Mover os dedos da mão direita em uma curva bem pequena, de um lado do "C" até o outro, indicando a forma da empada.

ERVILHA

Fazer o sinal de VERDE (p. 275) e, em seguida, configurar a mão esquerda em "1". Dedos indicador e polegar da mão direita em forma de "O". Com a mão direita, tocar três vezes o dedo indicador da mão esquerda.

FARINHA

Pontas dos dedos da mão direita unidas, apontando para baixo. Mover a mão em um círculo pequeno, esfregando as pontas dos dedos ao mesmo tempo.

FEIJÃO

Mão esquerda em "D", mão direita com as pontas dos dedos unidas. Colocar as pontas dos dedos da mão direita na ponta do dedo indicador esquerdo e girar a mão direita para frente e para dentro.

FIGO

Mão direita em "D" invertido. Pontas dos dedos da mão esquerda unidas, apontando para cima. Colocar a ponta do dedo indicador da mão direita sobre as pontas dos dedos da mão esquerda e elevar as mãos juntas.

LARANJA

Mão direita em "S", em frente da boca, palma para a esquerda. Abrir e fechar, um pouco, os dedos três vezes.

LEITE

Mão direita em "S" horizontal, palma para a esquerda. Elevar e baixar a mão, abrindo e fechando os dedos ao mesmo tempo, imitando um fazendeiro ordenhando uma vaca.

LIMÃO

Posicionar a mão direita ao lado da boca, simulando apertar o limão. Expressão facial indicando o sabor azedo.

MAÇÃ

Mão direita em "C", na horizontal, diante da boca com a palma para dentro. Movimentá-la de baixo para cima.

MANGA

Mão direita em "B" horizontal, dedos para a esquerda. Aproximá-la e afastá-la da parte entre a ponta do queixo e o lábio inferior duas vezes.

MANTEIGA

Mão esquerda aberta, palma para cima. Mão direita aberta, palma para baixo, simulando passar manteiga na palma da mão esquerda.

MACARRÃO

Mãos configuradas em "M", uma apontando para outra. Circular as duas mãos em movimentos alternados, puxando para lados opostos.

MATE (Chimarrão)

Mão esquerda configurada em "C", posicionada horizontalmente em frente ao corpo, com a palma para a direita. Mão direita configurada em "Y", posicionada verticalmente em cima do "C".

MEL

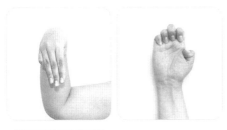

M-E-L

MELÃO

Fazer o sinal de AMARELO (p. 273) e, em seguida, o sinal de BOLA (p. 247).

MELANCIA

Simular segurar uma fatia grande de melancia, diante da boca, e movimentar as mãos de um lado para o outro.

MILHO

Mãos fechadas, simulando alguém segurando uma espiga de milho, na frente da boca, girando-a e comendo-a, abrindo e fechando a boca.

MOLHO

Mãos abertas, a esquerda com a palma para cima e a direita com a palma para dentro, simulando despejar o molho sobre a mão esquerda.

MORANGO

Mão esquerda em "S", com a palma para baixo. Mão direita em "X" toca, com a ponta do indicador, o dorso da mão esquerda, simulando as pintinhas da fruta.

NOZ

Mão esquerda em "O", posicionada em sentido horizontal, com a palma para a direita. Simular com a mão direita aberta um quebrador de noz, abrindo-a e fechando-a.

ÓLEO

Mão esquerda posicionada horizontalmente, em frente ao corpo, com a palma para cima. Mão direita configurada em "Y". Fazer movimento circular com a mão direita.

OVO

Mãos separadas palma a palma, dedos unidos pelas pontas. Bater duas vezes as pontas dos dedos de uma mão contra as pontas da outra e, em seguida, virar as pontas dos dedos para baixo.

PÃO

Mão direita em "A", posicionada no canto direito da boca, palma para frente. Girar a mão para frente uma vez.

PASTEL

Mão esquerda aberta, palma para cima. Tocar com a mão direita a palma da mão esquerda, simulando fechar um pastel.

PEIXE (Já pescado)

Mão direita em "X", palma para trás, tocando a boca do lado direito. Arrastá-la para o centro da bochecha duas vezes.

PERA

Mão esquerda posicionada em frente ao corpo horizontalmente, com a palma para cima. Mão direita aberta, posicionada em cima da mão esquerda, com os dedos curvados. Movimentar a mão direita para cima, fechando-a ao mesmo tempo.

PÊSSEGO

Mão esquerda em "S" com a palma para baixo. Com a mão direita aberta, tocar o dorso da mão esquerda, simulando sentir a textura do pêssego, e puxá-la logo em seguida. Repetir este movimento duas vezes.

PICOLÉ

Mão direita em "U", palma para dentro. Simular alguém lambendo um picolé, baixando a mão duas vezes diante da boca.

PIMENTA

Com a mão direita aberta, simular abanar, ligeiramente, a boca meio aberta.

PIPOCA

Dedos polegares e indicadores das duas mãos em "O", palmas para cima. Esticar os dedos, que formam o círculo em sentido vertical, de forma alternada, simulando os milhos estourando.

PIZZA

Mãos em "P" na frente do corpo. Encostá-las pelas pontas dos dedos médios, em seguida, afastá-las para lados opostos, formando um círculo, até encontrar os pulsos, simulando o formato da assadeira de pizza.

PRESUNTO

Com a mão direita aberta, bater o lado da coxa e, logo depois, fazer o sinal de PORCO (p. 170).

REPOLHO

Mãos abertas com os dedos curvados. Com a mão direita, tocar o dorso da mão esquerda e mover a mão direita para trás.

SAL

Tocar a língua com a ponta do dedo indicador da mão direita, em seguida, unir as pontas dos dedos polegar e indicador da mão direita e apontá-las para baixo, simulando que está temperando comida.

SALADA

Mãos abertas, dedos separados, levemente curvados, palmas para cima. Simular que está misturando as folhas.

SANDUÍCHE

Mãos abertas com os dedos esticados e unidos pelas pontas, simulando um biquinho, palma para dentro. Levar a mão até a boca, simulando mastigar.

SOPA

Mão esquerda aberta, palma para cima. Mão direita em forma de concha, palma para cima, dedos para a esquerda. Simular alguém tirando a sopa, com os dedos da mão direita curvados, representando a colher e levando-a à boca.

SORVETE

Mão direita em "O" horizontal, palma para dentro. Simular alguém lambendo o sorvete.

SUCO

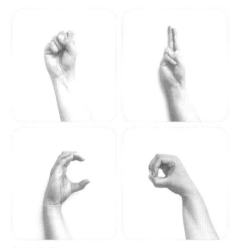

S-U-C-O

TANGERINA

Mão esquerda em "S" horizontal, palma para dentro. Com as unhas da mão direita, simular alguém arrancando, de cima para baixo, a casca da tangerina.

TOMATE

Fazer o sinal de VERMELHO (p. 275). Em seguida, configurar a mão esquerda em "S". Mão direita aberta, como uma faca, perto dos dedos indicador e polegar da mão esquerda, cortando fatias do tomate.

UÍSQUE (Whiskey)

Elevar a mão direita em "W" e, em seguida, configurá-la em "O", simulando levar um copo à boca.

UVA

Mão esquerda aberta com dedos separados, apenas o indicador e polegar unidos pelas pontas com a palma para dentro. Posicioná-la na frente da boca, simulando que irá comer.

VERDURAS

Fazer o sinal de ALFACE (p. 148) e de VÁRIOS (p. 293).

VINAGRE

Com a mão direita em "V", palma para a esquerda, tocar, duas vezes, a bochecha direita. Em seguida, configurar a mão direita em "Y" com o polegar apontado para baixo, palma para frente, descendo-a duas vezes.

VINHO

Mão direita em "V". Fazer pequenos círculos na bochecha do lado direito.

ANIMAIS

ÁGUIA

Mão direita em "X", palma para frente. Encostar o dorso da mão direita na ponta do nariz e abaixá-lo, duas vezes, sem desencostá-lo do nariz, mexendo somente o pulso. Em seguida, abrir os braços, com as palmas para baixo e dedos esticados e unidos, mexendo o pulso.

ANIMAIS

Mão direita aberta, dedos separados e curvados, palma para baixo. Encostar o dorso da mão direita (a parte do pulso) embaixo do queixo (duas vezes). Em seguida, com as duas mãos abertas, os dedos anelares e mínimos fechados, trepidar os dedos médios e indicadores, levando as mãos para os lados opostos.

ARANHA

Mão direita aberta, palma para baixo, dedos curvados e separados. Imitar o andar da aranha, movendo a mão para frente e mexendo todos os dedos ao mesmo tempo.

BARATA

Mão direita em "U", palma para frente. Encostar o dorso da mão no alto da testa e esfregar os dedos.

BODE

Mão esquerda em "V" com os dedos curvados, palma para dentro e pulso encostado no alto da testa. Mão direita fechada, segurando o queixo.

BORBOLETA

Mãos abertas, palmas para dentro, cruzadas pelos pulsos; dedos distendidos e unidos, polegares entrelaçados. Indicar as asas desse inseto, movendo todos os dedos ainda unidos.

BURRO

Mãos configuradas em "B", posicionadas ao lado da cabeça. Movimentá-las para frente e para trás.

CACHORRO

Mão direita aberta com os dedos separados e curvados, palma para dentro. Posicioná-la na frente da boca, mexendo-a levemente para a direita e para a esquerda.

CAMELO

Colocar as pontas dos dedos da mão direita, meio aberta, no dorso do pescoço, perto dos ombros, indicando a corcova do camelo e, em seguida, com a mão direita aberta, palma para baixo, dedos para frente, elevar o antebraço direito em posição vertical, movendo-o, lentamente, para o lado, duas vezes.

CAMUNDONGO

Fazer o sinal de RATO (p. 170) e o de PEQUENO (p. 302).

CANÁRIO

Indicar o bico desse pássaro, colocando a mão direita diante da boca, unindo e separando os dedos polegar e indicador, os demais dedos fechados. Em seguida, fazer o sinal de AMARELO (p. 273).

CARANGUEJO

Mãos fechadas, com os dedos polegares e indicadores formando um "C", palma de frente para a outra. Abrir e fechar os dedos, movendo a mão para a direita.

CARNEIRO

Mãos em "U", colocadas perto das orelhas, palmas para baixo, dedos apontados para trás. Movê-las um pouco para trás e, curvando-as para baixo, virar as pontas dos dedos para frente.

CAVALO

Mãos em "U", com o polegar estendido, palmas para frente. Encostar o polegar na têmpora, balançando os dedos.

COBRA

Mão direita em "V" horizontal, palma para baixo, dedos para frente. Colocar o dorso da mão direita no queixo e rodar a mão em um círculo pequeno, dando ideia da língua dupla da cobra.

COELHO

Mãos em "U", palmas para baixo, dedos apontados para trás. Colocá-las perto das orelhas e mover os dedos unidos, para baixo e para cima.

CORUJA

Mão direita em "X". Colocar o dorso da mão direita na ponta do nariz. Logo depois, formar "O" com as pontas dos dedos polegares e indicadores, distendendo demais dedos e colocar as mãos diante dos olhos, arregalando-os.

ELEFANTE

Posicionar o braço direito esticado na frente do nariz e, em seguida, configurar a mão em "B", com a palma para baixo. Circular para a direita, simulando a tromba do elefante.

EMA

E-M-A

GALINHA

Mão direita aberta, palma para a esquerda, dedos separados, apontados para cima. Encostar o lado do polegar no alto da testa e deslizar a mão para baixo, fechando-a.

GANSO

Fazer o sinal de PATO (p. 169) e, em seguida, o sinal de VOAR (p. 78).

GATO

Dedos indicador e polegar da mão direita unidos pelas pontas, demais dedos fechados, palma para a esquerda. Colocar as pontas dos dedos indicador e polegar no canto direito da boca, afastar a mão para a direita, separando os dois dedos, e unir as pontas outra vez no canto da boca.

GIRAFA

As duas mãos em "C" na frente do pescoço, palmas para dentro. Uma continua na base do pescoço e a outra vai para cima, até passar a cabeça.

INSETO

Colocar o dorso da mão direita em "V" no alto da testa, movendo um pouco os dedos e fazer o sinal de VÁRIOS (p. 293).

JACARÉ

Mãos em forma de concha, mão direita sobre a esquerda. Movê-las para a frente, separando as pontas dos dedos, para indicar a boca do jacaré.

LAGOSTA

Mão direita em "R", posicionada na frente do olho direito, com o dedo polegar esticado. Baixar os dedos duas vezes.

LEÃO

Mãos abertas, palmas para trás, ao lado do rosto. Fechar os dedos, começando pelo dedo mínimo.

LOBO

Mão direita meio aberta, palma para dentro, dedos um pouco separados. Colocá-la diante da ponta do nariz e afastá-la para frente e para baixo, unindo as pontas dos dedos ao mesmo tempo, para indicar o focinho característico do lobo.

MACACO

Mãos abertas, dedos curvados. Coçar o lado direito da cabeça com a mão direita e as costelas com a mão esquerda.

MORCEGO

As duas mãos configuradas em "X". Posicioná-las na boca e movimentá-las para cima e para baixo.

MOSCA

Fazer o sinal de INSETO (p. 167) e, em seguida, com a mão direita aberta, na frente do corpo, palma para frente, dedos indicador e polegar unidos, simular alguém segurando algo, fazendo círculos.

ONÇA

Fazer o sinal de LEÃO (p. 168). Em seguida, configurar em "O" os dedos indicador e polegar da mão direita, demais dedos esticados, e tocar várias partes do tronco, simulando as pintas da onça.

PAPAGAIO

Mão direita em "1", palma para frente, dedo curvado. Encostar o dorso da mão direita na ponta do nariz e abaixá-lo duas vezes, somente mexendo o pulso, sem desencostá-lo do nariz.

PÁSSARO

Dedo indicador e polegar da mão direita unidos, apontando para frente, palma para baixo; demais dedos fechados. Colocar o dorso da mão direita diante da boca, abrindo e fechando os dois dedos, e, logo depois, fazer o sinal de VOAR (p. 78).

PATO

Dedos médio, indicador e polegar da mão direita unidos, apontando para frente, palma para baixo, demais dedos fechados. Encostar o dorso da mão na boca, abrindo e fechando os dedos.

PAVÃO

Mãos cruzadas. Girá-las, pelos pulsos, para os lados opostos, em forma de leque, abrindo os dedos.

PEIXE (Vivo)

Mão direita aberta com os dedos unidos e o polegar separado, palma para a esquerda. Fazer movimentos sinuosos para frente, simulando o nado do peixe.

PERU

Dedos indicador e polegar da mão direita em frente ao nariz com a palma para baixo. Movimentar para baixo e para cima duas vezes.

POMBO

Fazer sinal de PÁSSARO (p. 169), em seguida, posicionar a mão direita no queixo, com a palma para dentro, e realizar movimento semicircular do queixo até o peito.

PORCO

Mão direita aberta, palma para baixo, dedos para a esquerda. Colocar o dorso do pulso direito embaixo do queixo e mover um pouco a mão para baixo e para cima.

PULGA

Mãos em "A", palmas para dentro. Com a unha do dedo polegar da mão direita, simular alguém esmagando.

RÃ

Mão direita aberta, posicionada sobre o dorso do braço esquerdo, deitado na frente do corpo, dedos mínimo e anelar fechados, unidos pelas pontas, palma para baixo. Tocar, com a ponta dos dedos, o dorso do braço esquerdo na altura do cotovelo; separar os dedos, simular dar um salto, abaixando a mão na altura do pulso da mão esquerda.

RATO

Dedos indicador e polegar da mão direita unidos; demais dedos fechados. Tocar, rapidamente, três vezes, a bochecha direita com as pontas dos dois dedos unidas.

RINOCERONTE

Mão direita em "I", palma para a esquerda. Colocar a mão na ponta do nariz, elevando-a.

SAPO

Antebraço esquerdo em posição horizontal diante do tronco, palma da mão para baixo, com os dedos apontados para a direita. Mão direita em "B" horizontal, colocada no dorso da mão esquerda, dedos para a esquerda. A mão direita pula três vezes sobre o antebraço esquerdo em direção ao cotovelo.

TARTARUGA (Marinha)

Mãos abertas com os dedos unidos, porém o polegar separado, com a palma para baixo. Colocar a mão direita sobre a esquerda e fazer movimentos circulares com os dedos polegares.

TARTARUGA (Terrestre)

Mão esquerda bem curvada, colocada como carapaça sobre a mão direita em "A", que se acha com a palma para dentro e o polegar destacado, dedos unidos, apontados para baixo. Mover a mão devagar, até a ponta do polegar aparecer, e dobrar um pouco o polegar como a cabeça da tartaruga.

TATU

Mão esquerda aberta, com a palma para baixo, posicionada na frente do corpo; mão direta em "1", palma para baixo, com o indicador apontando para a mão esquerda. Com a ponta do indicador da mão direita tocar a palma da mão esquerda e girá-la em movimento espiral para o lado contrário.

TIGRE

Fazer o sinal de ANIMAL e, em seguida com a mão direita aberta e os dedos separados, levemente curvados, palma para dentro, simular que está arranhando o peito na horizontal, duas vezes.

TUBARÃO

Colocar as mãos na posição da foto e mover a mão direita da esquerda para a direita ao longo do antebraço esquerdo, como a barbatana do tubarão, que corta a superfície da água.

URSO

Dedos indicador e polegar das duas mãos, configurados em "C", palmas para baixo. Posicionar cada uma de um lado da cabeça, simulando as orelhas do urso.

URUBU

Fazer o sinal de PÁSSARO (p. 169) e, em seguida, de VOAR (p. 78). Finalizar soletrando L-I-X-O.

VACA / BOI

As duas mãos em "Y", palmas para fora. Colocar a ponta dos polegares de cada lado da testa e fazer um semicírculo para trás.

VEADO

As duas mãos abertas, com os dedos separados, levemente, curvados, uma palma de frente para outra. Posicionar cada mão de um lado da testa, simulando os chifres do animal.

ZEBRA

Fazer sinal de CAVALO (p. 165) e, em seguida, traçar listras no tórax.

ARBUSTO

Fazer o sinal de ÁRVORE (p. 177) e, em seguida, o sinal de BAIXO (p. 297).

AREIA

Fazer o sinal de TERRA (p. 184) e, em seguida, soletrar A-R-E-I-A.

ÁRVORE

Antebraço direito em posição vertical, com o cotovelo apoiado na palma esquerda; mão direita meio aberta. Girar a mão direita, lentamente, em um semicírculo pelo pulso, virando a palma para dentro.

CAMPO

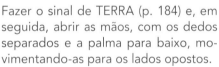

Fazer o sinal de TERRA (p. 184) e, em seguida, abrir as mãos, com os dedos separados e a palma para baixo, movimentando-as para os lados opostos.

CHUVA

Mão direita aberta, dedos curvados, separados e apontados para baixo. Baixar e elevar a mão duas vezes.

COLINA

Mão direita aberta, dedos um pouco curvados, apontados para baixo. Afastar a mão para o lado direito, elevando e baixando-a suavemente, indicando a forma ondulante das colinas.

COMETA

Mão direita configurada em "C" e mão esquerda fechada, com todas as pontas dos dedos unidas, simulando um biquinho. Cruzar as mãos. Ambas vão para baixo, simulando cair.

ESPINHOS

Fazer o sinal de FLOR (p. 178) e, em seguida, desenhar os espinhos na mão esquerda, afastando e aproximando o indicador.

ESTRELA

Mãos configuradas em "L", posicionadas em frente ao corpo, com as palmas para frente. Encostar e separar os dedos indicadores dos polegares de forma alternada, simulando pegar as estrelas no céu.

FLOR

Mão direita em "F", posicionada na frente do nariz, palma para a esquerda. Tocar a ponta do nariz e levar a mão, levemente, para cima duas vezes.

FOLHA

Dedos polegar e indicador em "C", posicionados na frente do corpo, tocando-se pelas pontas. Afastar as mãos para lados opostos, unindo os dedos indicador e polegar pelas pontas, formando um biquinho.

GELO

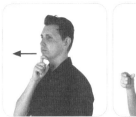 

Fazer sinal de GELADO (p. 307) e, em seguida, utilizar os dedos polegar e indicador para simular um cubo de gelo.

GRAMA

Mãos abertas, posicionadas lado a lado, na frente do corpo, dedos curvados, separados, palmas para cima. Afastá-las para lados opostos.

ILHA

I - L - H - A

LAGO

Fazer o sinal de ÁGUA (p. 147) e, em seguida, traçar um grande círculo horizontal diante do tronco, com a mão direita em "D" invertido.

LESTE

Mão direita configurada em "L". Movimentá-la para a direita.

LUA

Mão direita bem acima da cabeça com as pontas dos dedos indicador e polegar da mão direita unidas; demais dedos fechados, palma para frente. Baixar um pouco a mão em uma curva para a esquerda, abrindo e fechando os dois dedos ao mesmo tempo, traçando uma meia-lua.

MAR

Fazer o sinal de ÁGUA (p. 147) e, em seguida, distender o antebraço direito para frente; mão aberta, palma para baixo, dedos separados. Mover o braço devagar para o lado direito, movimentando os dedos ao mesmo tempo.

MONTANHA

Mão direita aberta, posicionada na frente do corpo, palma para baixo. Levantar e abaixar a mão simulando a forma da montanha.

MUNDO (Globo terrestre)

Mãos abertas diante do tronco, separadas, palma a palma; a mão direita acima da esquerda, dedos esticados e separados. Mover, lentamente, as mãos em uma curva para o lado direito, girando-as um pouco para fora, pelos pulsos, ao mesmo tempo fechando dedo por dedo, começando pelos mínimos, seguindo a ordem até o polegar.

NEVE

Mãos fechadas lado a lado, posicionadas na frente do rosto, palmas para baixo. Em seguida, abri-las e baixá-las lentamente, movimentando os dedos ao mesmo tempo.

NORTE

Mão direita configurada em "N". Movimentá-la para cima.

NUVEM

Mãos abertas acima da cabeça, dedos separados, curvados e apontados para cima. Afastá-las para os lados opostos e para frente numa curva.

OESTE

Mão direita configurada em "O". Movimentá-la para a esquerda.

ONDA

Mãos abertas com as palmas para baixo e os dedos espaçados. Movimentar as mãos para frente e os dedos para cima e para baixo.

PEDRA

Mão esquerda em "S" horizontal. Mão direita em "P". Bater no dorso do pulso esquerdo, duas vezes, a ponta do dedo médio da mão direita.

PLANTA

Fazer o sinal de FLOR (p. 178) e, em seguida, o sinal de GRAMA (p. 179).

PÓ

Unir as pontas dos dedos da mão direita e esfregá-las.

PRAIA

Mãos abertas, posicionadas na frente do corpo, dedos unidos e esticados, palmas para baixo. Colocar a mão direita um pouco para trás, próxima à lateral da cintura, e mexê-la simulando nadar.

RAIO

Mão direita em "D", colocada bem acima da cabeça. Baixar a mão rapidamente em zigue-zague.

RAIZ

Antebraço direito em posição vertical com a mão meio aberta, palma para trás. Com o cotovelo direito apoiado no dorso da mão esquerda, que deverá estar aberta, com os dedos curvados, girar a mão direita, lentamente, em um círculo, pelo pulso, e, em seguida, descer levemente a mão esquerda, abrindo-a.

RAMO

Mão esquerda aberta, posicionada verticalmente com a palma para dentro. Mão direita simular um ramo saindo do tronco.

RELÂMPAGO

Fazer o sinal de TEMPESTADE (p. 183) e, em seguida, o sinal de RAIO (p. 182).

RIO

Fazer o sinal de ÁGUA (p. 147) e, em seguida, colocar as mãos em posição horizontal, separadas, palma a palma, dedos para frente, movendo-as juntas em curvas lentas para frente.

SELVA

Fazer sinal de ÁRVORE (p. 177) e movimentar o braço para o lado esquerdo.

SOL

Mão direita em "S" com a palma para a esquerda. Posicioná-la acima da cabeça na lateral direita, abrindo-a em "L".

SUL

Mão direita configurada em "S". Movimentá-la para baixo.

TEMPESTADE

Fazer o sinal de CHUVA (p. 177) com intensidade. Com a expressão facial contraída, encher as bochechas de ar e soltá-lo, simulando a velocidade da água caindo do céu.

TEMPO (Condição Atmosférica)

Colocar a mão direita aberta, perto da face, palma para frente, dedos um pouco curvados, olhar para cima e girar a mão direita pelo pulso para a esquerda.

TERRA (Solo)

Mãos com as palmas para baixo, posicionadas na frente do corpo, dedos unidos simulando segurar terra. Em seguida, esfregá-los, movimentando as mãos para lados opostos, simulando espalhar a terra.

TERREMOTO

Mãos abertas, palmas para baixo, dedos separados e apontados para frente. Colocar as mãos ao lado do tronco, à altura da cintura, e imitar o movimento violento da terra durante o terremoto, sacudindo as mãos juntas, energicamente, para a direita e para a esquerda.

TROVÃO

Sacudir, com força, as mãos curvadas perto das orelhas, em movimentos para frente e para trás, arregalando os olhos.

VALE

Mãos abertas ao lado do corpo, com uma palma de frente para a outra. Fazer movimento semicircular de modo que os dedos polegares se encontrem.

VENTO

Mãos configuradas em "V". Com uma palma de frente para a outra, fazer movimentos circulares, aproximando e afastando as mãos e soprando.

ALMA

Mãos em frente do tronco, separadas, por pequena distância, palma a palma, a mão direita em cima da esquerda. Afastá-las lentamente, subindo a mão direita e descendo a esquerda, enquanto as pontas dos dedos se fecham.

ALTAR

Fazer o sinal de IGREJA (p. 194) e o de MESA (p. 114).

ANJO

Mãos abertas, dedos unidos, palmas para frente. Posicioná-las ao lado dos ombros, encostando neles os dedos polegares, e balançar os dedos.

ASCENSÃO DE JESUS

Fazer o sinal de JESUS (p. 194) e, em seguida, o sinal de RESSURREIÇÃO (p. 199).

ATEÍSMO

Fazer o sinal de CRER (p. 45), em seguida, o de DEUS (p. 191), e balançar a cabeça indicando o Não.

BATISMO (da Igreja católica)

Mão direita aberta, posicionada no alto da testa e apontada para baixo, apenas com o dedo polegar dobrado e encostado na palma, que estará para dentro. Levar a mão para cima da cabeça e simular o padre derrubando água sobre a cabeça.

BATISMO (da Igreja evangélica)

Mãos em "A", apenas com os dedos polegares levantados e apontados para cima, lado a lado. Tombá-las, ao mesmo tempo, para o lado direito, simulando o batismo nas águas.

BÊNÇÃO

Mão direita configurada em "O", posicionada acima da cabeça, palma para baixo. Descê-la, abrindo-a, e tocá-la na testa.

BÍBLIA

Fazer o sinal de LIVRO (p. 112) e o de DEUS (p. 191).

BISPO

Mão direita em "S" com a palma para a esquerda. Levá-la para frente da boca e beijar o dedo anelar, simulando beijar o anel.

BUDA

Mãos em "6", palmas para cima, encostadas em frente da cintura.

BUDISMO

Fazer o sinal de RELIGIÃO (p. 199) e, em seguida, o de BUDA (p. 189).

CANDOMBLÉ

Mãos abertas, palmas para baixo, simulando tocar um atabaque.

CAPELA

Fazer o sinal de IGREJA (p. 194) e o de PEQUENO (p. 302).

CATÓLICO

Mão direita em "C", na frente do corpo, palma para a esquerda, traçando o formato da cruz grande, de cima para baixo e da esquerda para a direita.

CÉU

Mãos em "C", colocadas lado a lado, um pouco acima da testa, palmas viradas para frente. Afastá-las para os lados opostos.

COMUNHÃO

Configurar a mão direita em "O" com os dedos indicador e o polegar. Posicioná-la em frente à boca, traçando uma pequena cruz.

CONFISSÃO

Mãos em "4", palmas para dentro. Uma sobre a outra na frente da boca.

CONTRIÇÃO

Mãos em "A", tocando a lateral da testa, com as juntas dos dedos indicador, médio e anelar. Franzir a testa.

CRISTÃO

Mão direita em "C", na frente do ombro esquerdo, palma para a esquerda. Levá-la em uma reta transversal até a cintura do lado direito.

CRISTIANISMO

Fazer o sinal de RELIGIÃO (p. 199) e, em seguida, o de CRISTÃO (p. 190).

CRUCIFICAÇÃO

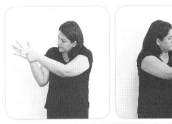

Simular cravar pregos nas mãos e abrir os braços.

CRUZ

Mãos em "D", separadas palma a palma. Formar uma cruz com os indicadores.

DECÁLOGO (Dez Mandamentos)

Fazer o sinal de DEZ (p. 25) e o de MANDAR (p. 62).

DEMÔNIO

Mãos configuradas em "C", pelo indicador e polegar, com uma palma de frente para a outra. Posicioná-las ao lado da testa.

DEUS

Elevar a mão direita em "D".

DIÁCONO

Mão direita em "D", palma para a esquerda. Tocar no peito do lado esquerdo e, em seguida, no lado direito.

DOUTRINA

Mão configurada em "D", palma para frente. Movê-la para frente, duas vezes.

ESPERANÇA

Fazer o sinal de ESPERAR (p. 54) e, em seguida, fazer o sinal de FUTURO (p. 212).

ESPIRITISMO

Mão direita aberta, posicionada em frente à testa, sem encostar nela, dedos curvados, palma para frente. Movê-la ao encontro da testa. Enquanto a fecha, dê uma breve paradinha no meio do movimento, terminando-o em linha reta.

ESPÍRITO

Fazer o sinal de ALMA (p. 187).

ESPÍRITO SANTO

Mão direita aberta, com os dedos polegar e indicador unidos pelas pontas, palma para baixo. Posicioná-la acima da cabeça e circulá-la para a esquerda, até voltar ao mesmo ponto.

EVANGELHO (Anunciar)

Mãos em "E", posicionadas nas laterais da boca, palmas para frente. Movê-las para frente e para lados opostos.

EVANGÉLICO

Mãos abertas, posicionadas horizontalmente em frente ao corpo, dedos unidos, palmas para cima. Bater duas vezes as laterais dos dedos mínimos.

FÉ

Mão direita em "F", com a palma para a esquerda. Posicioná-la na testa, descê-la até a altura da barriga e tocar a palma da mão esquerda, que deverá estar para cima. Expressão facial afirmativa.

FREIRA

Mãos abertas, colocadas acima da testa, palmas para dentro. Baixar as mãos num declive para os ombros.

GRAÇA

Pontas dos dedos da mão direita unidas, apontadas para baixo, colocadas ao lado direito, bem acima da cabeça. Baixar a mão para a cabeça, sem tocá-la, abrindo, lentamente, os dedos.

HINDUÍSMO

Fazer o sinal da ÍNDIA (p. 222) (país) e, em seguida, o de REZAR (p. 199).

HÓSTIA

Os dedos indicador e polegar da mão direita em "O". Levar a mão à boca.

IGREJA

Fazer o sinal de CASA (p. 92) e de CRUZ (p. 191).

IMAGEM

Mãos em "A", posicionadas na frente do corpo, com o dedo polegar levantado, palmas uma de frente para a outra. Levá-las ao mesmo tempo para baixo, traçando um grande "S" invertido.

INFERNO

Fazer sinal de DEMÔNIO (p. 191) e de FOGO (p. 105).

ISLAMISMO

Fazer sinal de RELIGIÃO (p. 199) e, em seguida, abrir a mão direita, dedos unidos e o polegar estendido, palma para dentro. Tocar peito, boca, testa e levar a mão para frente.

JESUS

Mãos abertas, posicionadas em frente ao corpo, dedos médios estendidos, uma palma de frente para a outra. Tocar a palma da mão esquerda com o dedo médio da mão direita e, em seguida, tocar a palma da mão direita com o dedo médio da mão esquerda.

JOSÉ (Esposo de Maria)

Mão direita configurada em "I", mão esquerda aberta com os dedos unidos. Com o dedo mínimo da mão direita traçar a letra "J" na palma da mão esquerda.

JUDAÍSMO

Fazer o sinal de RELIGIÃO (p. 199) e, em seguida, o de JUDEU (p. 195).

JUDEU

Mãos em "3" com as palmas para dentro; mão direita um pouco à frente da mão esquerda. Cruzá-las e bater os dedos na frente do corpo. Repetir esse movimento duas vezes.

MARIA (Mãe de Jesus)

Colocar as pontas dos dedos da mão direita em "M" na ponta do ombro esquerdo. Indicar uma auréola, descrevendo com a mão direita um semicírculo por cima da cabeça, até as pontas dos dedos tocarem a ponta do ombro direito.

MEDO

Mão direita aberta, palma para dentro, com os dedos médio e polegar unidos pelas pontas. Abrir e fechar os dedos nesta configuração, simulando dar "petelecos" no peito do lado esquerdo. Fazer expressão facial de medo.

MILAGRE

Mãos em "O" na frente do corpo, com uma palma de frente para a outra. Posicioná-las juntas em frente ao corpo e afastá-las, abrindo-as, fazendo expressão facial positiva.

MISSA

Mãos abertas, posicionadas em frente ao corpo, pontas dos dedos unidas, palmas para cima, lateral dos dedos mínimos se tocando. Movê-las para cima.

MISSÃO

Mão direita configurada em "M" horizontal, posicionada em frente ao peito esquerdo. Circular uma vez.

MISSIONÁRIO

Fazer o sinal de PESSOA (p. 119) e, em seguida, o de MISSÃO (p. 196).

MISTÉRIO

Fazer o sinal de VERDADE (p. 130) e o de SEGREDO (p. 126).

MOISÉS

Mãos em "O" ao lado da cabeça. Movê-las para cima e para os lados opostos, alterando-as em "3".

NATAL

Mão direita configurada em "C", posicionada abaixo do queixo, palma para cima. Movê-la para baixo.

OSTENSÓRIO

Simular um círculo grande na frente do corpo, usando as duas mãos. Elevá-las acima da cabeça.

PADRE

Mão direita configurada em "U", posicionada em frente ao corpo, palma para a esquerda. Traçar o formato da cruz de cima para baixo e da esquerda para a direita.

PAPA

Mãos abertas com os dedos unidos e apontados para cima, uma palma de frente para a outra. Colocá-las ao lado da cabeça e elevá-las até as pontas dos dedos se tocarem acima da cabeça.

PÁSCOA

Fazer o sinal de JESUS (p. 194) e, depois, o de ASCENSÃO (p. 187).

PASTOR

Mão direita em "P", palma para dentro. Tocar, com a ponta do dedo, o peito do lado direito e o do esquerdo.

PASTORAL

Braço esquerdo posicionado verticalmente, mão esquerda configurada em "S", palma para dentro. Mão direita configurada em "P", palma para dentro. Com a mão direita, tocar o cotovelo do braço esquerdo e circulá-lo.

PECADO

Mão direita fechada, com os dedos esticados e unidos pelas pontas. Tocar o peito do lado esquerdo duas vezes.

PROFANO

Fazer o sinal de SANTO (p. 200) e, em seguida, o de NÃO (p. 308).

PROTESTANTE

Mãos abertas, posicionadas horizontalmente em frente ao corpo, dedos unidos, palmas para cima. Bater, duas vezes, as laterais dos dedos mínimos.

REENCARNAÇÃO

Fazer sinal de VIVER (p. 78) e, em seguida, configurar a mão direita em "L" e balançá-la, duas vezes.

REINO

As duas mãos em "R", palmas para frente, dedos apontados para cima. Posicioná-las ao lado da cabeça, trazendo-as para frente do corpo.

RELIGIÃO

Mão direita em "R", palma para dentro. Colocar as pontas dos dois dedos em "R" no peito, sobre o coração, e afastar a mão para o lado, elevando-a.

RESSURREIÇÃO

Mão direita em "V" invertido sobre a palma da mão esquerda. Elevá-la.

RETIRO

Fazer o sinal de REZAR (p. 199) e o de MEDITAR (p. 63).

REZAR

Encostar as mãos postas no peito.

ROSÁRIO

Configurar as mãos em "A" e simular que está rezando um terço.

SACRAMENTO

Mão direita configurada em "S", posicionada na frente do corpo, palma para frente. Traçar uma cruz grande.

SAGRADO

Fazer o sinal de SANTO (p. 200).

SANTO

Mão direita em "1", apontada para baixo. Circular a parte de cima da cabeça, começando pela testa.

SEMINARISTA

Mão direita em "S", palma para a esquerda. Tocar o peito do lado esquerdo e, em seguida, o do lado direito.

SINAGOGA

Fazer o sinal de CASA (p. 92) e, em seguida, o de JUDEU (p. 195).

TERÇO

Configurar as mãos em "A" e simular que está rezando o terço.

TRINDADE

Configurar a mão esquerda em "3", à altura da face, palma para dentro, dedos separados e apontados para cima. Colocar a mão direita em "C" horizontal ao redor dos dedos da mão esquerda, fechando o "C", unindo os dedos da mão esquerda e fazendo, logo depois, o sinal de DEUS (p. 191).

VIDA ETERNA

Fazer o sinal de VIVER (p. 78) e, em seguida, configurar a mão direita em "D", em frente do corpo, palma para cima. Levá-la para frente em movimento de espiral.

UMBANDA

Mão direita fechada, encostada na testa, apenas com os dedos indicador, médio e polegar esticados e unidos pelas pontas. Em seguida, levá-la para baixo, do lado esquerdo do corpo, estalando os dedos, e fazer o mesmo para o lado direito.

NOÇÕES DE TEMPO

ANO

Mãos em "A" horizontal, palmas para dentro, a mão direita sobre a mão esquerda. Deslocar a mão direita para frente, fazendo um círculo em torno da mão esquerda, voltando, em seguida, à mesma posição.

MÊS

Mão direita configurada em "A" e mão esquerda configurada em "D". Passar a mão direita no lado do indicador da mão esquerda, de cima para baixo.

JANEIRO

Fazer o sinal de MÊS (p. 205) e a letra "J".

FEVEREIRO

Fazer o sinal de MÊS (p. 205) e o de CARNAVAL (p. 91).

MARÇO

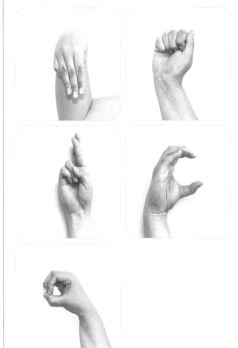

M-A-R-Ç-O

ABRIL

Mão direita, encostada na lateral direita do pescoço. Afastá-la levemente, levando-a para cima.

MAIO

Mão direita em "1", encostada no pescoço, na lateral direita. Afastá-la para o lado direito, dobrando o dedo indicador.

JUNHO

Mãos configuradas em "U", com as palmas para baixo. Cruzá-las e, em seguida, movimentá-las uma em cima da outra.

JULHO

Fazer a letra "J" e, em seguida, a letra "L".

AGOSTO

Mão direita aberta, encostada no centro do peito, com os dedos unidos. Movimentá-la de cima para baixo.

SETEMBRO

Mãos abertas, com os dedos unidos e curvados, palmas para baixo. Posicioná-las lado a lado, movendo-as para frente. Repetir esse movimento duas vezes.

OUTUBRO

Tremular a mão em "O".

NOVEMBRO

Elevar e baixar, duas vezes, a mão direita em "N".

DEZEMBRO

Colocar a mão direita em "C" horizontal, palma para cima, embaixo do queixo, e baixá-la para indicar a grande barba do lendário Papai Noel.

SEMANA

Mão direita em "D", posicionada na frente do corpo em sentido horizontal, palma para a esquerda. Levá-la da esquerda para a direita.

DOMINGO

Mão direita em "D", posicionada na frente do rosto. Traçar um círculo pequeno na vertical, diante do tronco, elevando a mão, indo para a esquerda e baixando até completar o círculo.

SEGUNDA-FEIRA

Mão direita em "V", com a palma para frente. Posicioná-la ao lado da testa e tocar a fonte uma vez.

TERÇA-FEIRA

Mão direita em "V", com a palma para frente. Posicioná-la ao lado do final da sobrancelha direita e tocar a fonte uma vez.

QUARTA-FEIRA

Mão direita em "4", com a palma para frente. Posicioná-la ao lado da testa e tocar a fonte uma vez.

QUINTA-FEIRA

Mão direita em "5", com a palma para frente. Posicioná-la ao lado da testa e tocar a fonte uma vez.

SEXTA-FEIRA

Fazer o sinal de PEIXE (p. 156) (alimento).

SÁBADO

Fazer o sinal de LARANJA (p. 153) e, logo depois, virar a mão direita em "S", palma para frente.

DIA

Mão direita em "D", com a palma para frente. Tocar a ponta do indicador na lateral direita da testa e movimentar a mão, levemente, para cima e para o lado direito.

MEIO-DIA

Mão direita em "R", com a palma para a esquerda. Posicioná-la na parte central da testa.

BOM-DIA

Fazer o sinal de BOM (p. 298) e, em seguida, o de DIA (p. 208).

DIARIAMENTE

Mão direita em "D", palma para frente. Tocar, três vezes, com o dedo indicador, o lado direito da testa.

HOJE

Mãos abertas diante do tronco, um pouco separadas, palmas para cima, dedos para frente. Afastá-las, um pouco, para os lados opostos e aproximá-las sem se tocarem, duas vezes, em movimento ligeiro.

AMANHÃ

Mão direita aberta, palma para a esquerda, dedos separados e apontados para cima. Riscar de cima para baixo a ponta do médio direito no lado direito da testa.

ONTEM

Mão direita configurada em "L". Tocar com o polegar da mão direita a bochecha, virando a mão para trás.

ANTEONTEM

Mão direita fechada, com os dedos polegar, indicador e médio estendidos, palma para baixo. Tocar com o polegar da mão direita a bochecha, do lado direito, e virar a mão para trás.

MANHÃ

Mão esquerda posicionada horizontalmente, em frente ao corpo com a palma para cima; mão direita configurada em "5". As pontas dos dedos da mão direita irão tocar a palma da mão esquerda.

TARDE

Mão esquerda posicionada, horizontalmente, com a palma para baixo. Mão direita aberta com os dedos unidos, palma para frente. Colocar o cotovelo do braço direito no dorso da mão esquerda e mover a mão direita para baixo.

NOITE

Mãos abertas, na frente do rosto. Abri-las e fechá-las duas vezes.

MEIA-NOITE

Fazer o sinal de MEIO-DIA (p. 209) e, em seguida, o de NOITE (p. 210).

BOA-NOITE

Fazer o sinal de BOM (p. 298) e, em seguida, o sinal de NOITE (p. 210).

HORA

Mão direita em "L", com a palma para frente. Dedo polegar posicionado em cima do braço esquerdo na altura do pulso na parte do dorso. Mexer o indicador até tocar o polegar por duas vezes.

MINUTO

Mão direita em "M", na frente do corpo, palma para dentro. Levá-la para baixo e para cima levemente.

MEIA-HORA

Mão direita em "D", palma para dentro. Colocar a ponta do indicador na testa e traçar um semicírculo para a esquerda e para baixo, colocando a ponta do indicador no queixo.

QUE HORAS SÃO?

Apontar o relógio e fazer expressão facial interrogativa.

PASSADO

Mão direita aberta, posicionada acima do ombro direito, palma para trás, dedos grudados e apontados para cima. Levá-la para trás duas vezes.

FUTURO

Mão direita em "F", com a palma para a esquerda, colocada à altura do ombro direito, até distender o braço direito completamente.

NUNCA

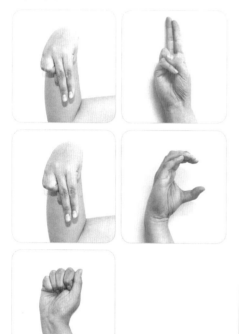

N-U-N-C-A

SEMPRE

Mão direita em "V" horizontal, palma para a esquerda. Sacudi-la, várias vezes, para cima e para baixo.

JÁ

Mão direita em "B" horizontal, palma para a esquerda. Baixá-la, um pouco, com força.

MUITO TEMPO

Mão esquerda, palma para baixo. Mão direita em "D" invertido. Com a ponta do dedo indicador da mão direita, traçar três círculos horizontais sobre o pulso esquerdo.

POUCO TEMPO

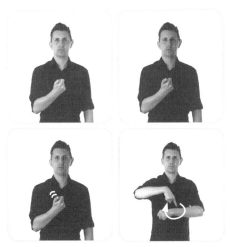

Mão direita em "A", com o dedo polegar escondido. Levantar o dedo polegar e, em seguida, apontar o pulso esquerdo, com o dedo indicador da mão direita, fazendo pequenos círculos.

ETERNO

Mão direita em "D" horizontal, na frente do corpo, palma para baixo, dedo indicador apontando para a frente. Levá-la para frente em movimento de espiral.

ESTAÇÕES DO ANO

Fazer o sinal de ANO (p. 205) e, em seguida, configurar as mãos em "4", ambas com a palma para dentro. Passar o dorso da mão direita sobre a palma da mão esquerda, levando-a para o lado direito.

PRIMAVERA

Fazer o sinal de FLOR (p. 178).

VERÃO

Simular que está se abanando.

OUTONO

Mão direita aberta, com os dedos afastados, palma para baixo. Mão esquerda em "D", tocando o centro da palma da mão direita. Abaixar a mão direita, simulando uma folha caindo ao vento.

INVERNO

Configurar as mãos em "S", na frente do corpo, e tremulá-las.

REGIÕES DO MUNDO

ÁFRICA

Configurar a mão direita em "A", ao lado da testa, e girá-la.

ALEMANHA

Mão direita configurada em "L", palma para a esquerda. Bater a ponta do dedo polegar na parte superior da testa duas vezes.

AMÉRICA

Mãos abertas, em frente ao corpo, com os dedos separados. Palma da mão esquerda para frente, palma da mão direita para dentro. Ligar as pontas dos dedos polegares.

AMÉRICA CENTRAL

Mãos fechadas em posições invertidas, com os polegares esticados, tocando-se pelas pontas.

AMÉRICA DO NORTE

Fazer o sinal de América, fechando a mão de baixo, com os polegares esticados, tocando-se pelas pontas.

AMÉRICA DO SUL

Fazer o sinal de América, fechando a mão de cima, com os polegares esticados, tocando-se pelas pontas.

ANTÁRTICA

Fazer o sinal de MUNDO (p. 180) e, em seguida, mantendo a mão esquerda com os dedos curvados e palma para cima, apontar o dorso da mão esquerda com o dedo indicador da mão direita.

ARÁBIA

Mão direita aberta com os dedos unidos e palma para dentro. Tocar o peito, a boca, testa e, em seguida, levar a mão para frente.

ARGENTINA

Mão direita em "A", com a palma para a esquerda. Posicioná-la ao lado da cabeça e movimentá-la para a esquerda e para a direita. Repetir duas vezes.

ÁRTICO

Fazer o sinal de MUNDO (p. 180) e, em seguida, mantendo a mão esquerda com os dedos curvados e palma para baixo, apontar o dorso da mão esquerda com o indicador da mão direita.

ÁSIA

Mão direita em "A" em frente ao corpo. Abri-la em movimento circular.

AUSTRÁLIA

Mãos abertas com dedos unidos e curvados, palmas para baixo. Posicioná-las em frente ao corpo com as mãos lado a lado. Fazer movimento para frente e para baixo, simulando um canguru.

ÁUSTRIA

Mão direita em "V", aberta, perto da boca. Tocar a bochecha direita e arrastar a mão em direção à orelha, fechando os dedos em "U".

BÉLGICA

Mão direita em "B". Posicioná-la em frente ao corpo e movê-la em sentido circular.

BOLÍVIA

Mão direita aberta com os dedos polegar, anelar e médio unidos, palma para a esquerda. Posicioná-la em frente ao corpo.

BRASIL

Mão direita em "B", colocada diante dos olhos, palma para a esquerda. Baixá-la até o peito, tremulando-a, ao mesmo tempo, em movimento sinuoso.

CANADÁ

Mão direita em "C", palma para a esquerda. Colocá-la ao lado direito e batê-la, duas vezes, no peito.

CHILE

Mãos configuradas em "D" em frente ao corpo, palma a palma. Elevar e baixar as mãos alternadamente.

CHINA

Mão direita configurada em "D", com a palma para dentro, posicionada horizontalmente. Tocá-la no peito, do lado esquerdo, movimentá-la para o lado direito e, em seguida, descê-la.

COLÔMBIA

Traçar dois círculos verticais no lado direito da face com a mão direita em "C", palma para frente.

CONTINENTE

Mão esquerda configurada em "O", posicionada em frente ao corpo, palma para baixo. Mão direita aberta, dedos curvados. Posicionar a mão direita sobre o dorso da mão esquerda e, em seguida, puxá-la para o lado direito.

EGITO

Mão direita em "X", posicionada no centro da testa.

EQUADOR

Mão direita em "E". Tocar com a mão direita a bochecha, movendo-a para o lado esquerdo.

ESCÓCIA

Mãos abertas, posicionadas na frente da boca; a esquerda deverá estar à frente da direita. Balançar os dedos, movendo os braços para baixo e para cima, duas vezes.

ESPANHA

Apontar o olho direito com a mão direita em "D", rodando, rapidamente, a ponta do dedo indicador em pequenos círculos, duas vezes.

EUROPA

Mão configurada em "E", com a palma para frente. Fazer movimento circular.

FRANÇA

Mão direita em "F", palma para frente. Movê-la um pouco para a direita e para a esquerda.

GRÉCIA

Mão direita em "G", com a palma para a esquerda. Tocar com a lateral do dedo indicador o nariz; repetir duas vezes.

HOLANDA

Mãos abertas, separadas, palma a palma, polegares um pouco separados. Colocá-las uma de cada lado da cabeça e afastá-las para o lado oposto.

HUNGRIA

Fazer o sinal da letra "H", com força, com a mão direita perto da face.

ÍNDIA

Mão direita em "D", com a palma para dentro. Tocar com o dedo indicador o centro da testa, dando uma leve balançada na mão.

INGLATERRA

Dedos polegar e indicador da mão direita em "C", palma para dentro. Colocar as pontas dos dedos no queixo e balançá-las.

IRAQUE

I-R-A-Q-U-E

IRLANDA

Mão esquerda fechada, posicionada horizontalmente, palma para baixo. Mão direita configurada em "5", palma para baixo. Posicionar a mão direita sobre o dorso da mão esquerda e, em seguida, fazer movimento circular.

ISRAEL

Mãos em "3", com as palmas para dentro. Subi-las, cruzando-as.

ITÁLIA

Mão direita em "I", posicionada na frente da boca, palma para a esquerda. Movê-la em círculo.

JAPÃO

Mãos fechadas, na frente do corpo, com dedos polegares e indicadores esticados e separados, unidos pelas pontas. Fechar os dedos e levá-los para os lados opostos.

JORDÂNIA

Mão direita em "B" invertido. Traçar um círculo horizontal perto e ao redor da cabeça, com as pontas dos dedos.

MÉXICO

Traçar um grande círculo acima da cabeça.

NICARÁGUA

Mãos na frente do corpo, com dedos polegares, indicadores e médios abertos. Bater os dedos, duas vezes.

NORUEGA

Mão direita configurada em "N", palma para baixo, dedos para o lado esquerdo. Fazer movimento sinuoso para o lado direito.

OCEANIA

Mão direita configurada em "O", posicionada horizontalmente, palma para dentro. Mão esquerda aberta, dedos separados, palma para baixo. Colocar a mão direita na frente da mão esquerda e, em seguida, fazer movimento circular, movendo os dedos alternadamente.

PARAGUAI

Mão direita configurada em "P", posicionada em frente ao corpo, palma para dentro. Sacudi-la para frente, duas vezes.

PERU

Mão direita aberta, dedos indicador e polegar unidos, palma para baixo. Posicioná-la em frente ao nariz e movimentá-la para baixo.

POLÔNIA

Mão direita em "P", com a palma para dentro. Posicioná-la na frente da testa e fazer movimento circular.

PORTUGAL

Mão direita aberta, dedos unidos e polegar estendido, palma para baixo. Encostar o dorso do dedo polegar no tórax e movimentar a mão direita para baixo duas vezes.

ROMA

Mão direita em "4", palma para a esquerda. Colocar a lateral do dedo indicador no alto da testa e mover a mão para trás sobre a cabeça, dando a ideia dos capacetes dos antigos soldados romanos.

RÚSSIA

Mão direita em "R", colocada diante da face, à altura dos olhos. Mover a mão um pouco para a direita e para a esquerda.

SÍRIA

Mão esquerda em "S" horizontal. Mão direita em "5", dedos um pouco curvados. Bater a parte interna do pulso direito no dorso do pulso esquerdo, duas vezes.

SUÉCIA

Mão configurada em "U", com a palma para dentro. Posicioná-la em frente ao corpo e fazer uma cruz, iniciada de cima para baixo, da esquerda para a direita.

SUÍÇA

Dedos indicador e polegar da mão direita em "C" horizontal; demais dedos fechados. Colocar a ponta dos dois dedos no alto do peito e traçar uma grande cruz, baixando a mão até a cintura, virando a mão para fazer a faixa horizontal da cruz no peito.

TURQUIA

Dedos indicador e polegar da mão esquerda em "C", palma para a direita. Dedos polegar e indicador da mão direita esticados e unidos pelas pontas. Separar e aproximar os dedos polegar e indicador da mão direita, duas vezes, e encaixá-los dentro do "C" da mão esquerda.

URUGUAI

Mão direita em "U", colocada à altura da face, palma para frente. Virar a mão para a esquerda e para frente.

VENEZUELA

Mão direita em "V", posicionada na frente do corpo, palma para frente. Fazer movimentos sinuosos para baixo.

VIETNÃ

Mãos em "V", palmas para dentro. Colocar as pontas dos dedos na testa, bem acima das sobrancelhas, e empurrá-las, levemente, para cima.

ESTADOS DO BRASIL

ACRE

Mãos abertas com as palmas para frente. Posicioná-las acima da cabeça e movimentá-las até o lado da bochecha, fechando-a, gradativamente, em "A".

ALAGOAS

Mão direita fechada, posicionada perto da boca no lado direito. Esfregar os dedos indicador e polegar.

AMAPÁ

Mão direita em "A". Encostar o dedo polegar no lado esquerdo e levá-lo para o lado direito da face.

AMAZONAS

Mão direita aberta, palma para frente, dedo polegar tocando o lado esquerdo da testa. Arrastá-la para o lado direito da testa, fechando cada um dos dedos, iniciando pelo dedo mínimo.

BAHIA

Mão direita aberta, palma para dentro, dedos separados e curvados. Colocar as pontas dos dedos no meio do peito, tocando-o duas vezes.

BRASÍLIA

Simular um triângulo. Movimentar as mãos para lados opostos, fechando e unindo os dedos polegar e indicador, duas vezes.

CEARÁ

Mão direita em "P", palma para a esquerda, indicador para cima. Riscar levemente duas vezes, em movimento de cima para baixo, com a ponta do dedo médio, o lado direito da face dilatada pela ponta da língua.

DISTRITO FEDERAL

D-F

ESPÍRITO SANTO

Mão direita em "V". Aproximá-la do nariz, duas vezes, posicionando-o entre os dedos.

ESTADO

Mão direita aberta, posicionada em frente ao corpo, dedos curvados. Movimentá-la para frente em diferentes pontos.

GOIÁS

Mão direita configurada em "G", palma para frente. Virar a palma para a esquerda e para frente.

MARANHÃO

Mão direita em "M", na frente do corpo. Movê-la para baixo e para cima duas vezes.

MATO GROSSO

Mão direita aberta, palma para dentro, dedos separados e apontados para baixo; dedo polegar para a esquerda. Encostar o lado do polegar na testa, acima do olho esquerdo, e mover a mão para o lado direito da testa, fechando-a em "A" e dobrando os dedos um por um, começando com o mínimo.

MATO GROSSO DO SUL

Fazer os sinais de MATO GROSSO (p. 231) e de SUL (p. 183).

MINAS GERAIS

Mão direita configurada em "D", palma para a esquerda. Riscar, duas vezes, o pescoço do lado direito com a ponta do dedo indicador.

PARÁ

Com a mão direita aberta, bater na nuca duas vezes.

PARAÍBA

Encostar a mão direita configurada em "P", no lado direito da face, e movê-la em um pequeno círculo.

PARANÁ

Mão direita aberta, com os dedos unidos e a palma para baixo. Bater na cabeça, duas vezes.

PERNAMBUCO

Mãos abertas, unidas pelos pulsos, dedos curvados e separados. Afastar um pouco as mãos, mantendo os pulsos unidos, e aproximá-las sem se tocarem. Repetir o sinal.

PIAUÍ

Mão direita em "P", dedo indicador apontado para a esquerda. Encostá-la no braço esquerdo, abaixo do ombro, e movê-la em um círculo pequeno.

RIO DE JANEIRO

Mão direita configurada em "A". Posicioná-la à altura da face, ao lado do braço esquerdo e, com a ponta do dedo polegar, esfregá-lo de cima para baixo.

RIO GRANDE DO NORTE

R-N

RIO GRANDE DO SUL

Mão direita configurada em "A", posicionada à altura da face, palma para a esquerda. Fazer movimento circular com o pulso.

RONDÔNIA

Mão direita em "R", na frente do corpo. Colocar a ponta dos dedos embaixo do cotovelo do braço esquerdo e movê-la, com movimento semicircular, para o pulso do braço.

RORAIMA

Mão direita em "R". Colocar a ponta dos dedos ao lado direito da boca, movendo-a, com movimento semicircular, para o lado esquerdo.

SANTA CATARINA

S-C

SÃO PAULO

Mão direita configurada em "P", palma para a esquerda, dedo indicador apontado para cima. Tocar, levemente, a ponta do dedo médio no lado direito da testa, duas vezes.

SERGIPE

Mão direita em "S", posicionada à altura da face, palma para frente. Virar a palma para a esquerda e para frente, duas vezes.

TOCANTIS

Mãos configuradas em "1": mão esquerda com a palma para a direita e mão direita com a palma para baixo. Tocar no meio do dedo indicador da mão direita, duas vezes.

VESTUÁRIOS E ACESSÓRIOS

BATOM

Pontas dos dedos indicador e polegar da mão direita unidos; demais dedos fechados. Passar as pontas dos dois dedos unidos sobre os lábios, da esquerda para a direita e vice-versa.

BOINA

Dedos indicador e polegar em "C" horizontal, demais dedos fechados, mãos separadas um pouco, palma frente à palma. Inclinar as mãos para a direita e colocá-las na cabeça, dando a ideia de uma boina puxada para perto do olho direito.

BONÉ

Mão configurada em "A", posicionada, com a palma para a esquerda, em frente à testa. Movimentá-la para baixo.

BRINCOS

Pontas dos dedos indicador e polegar unidas, demais dedos fechados, palma para a esquerda. Colocar as pontas dos dois dedos unidas debaixo do lóbulo da orelha direita e baixar um pouco a mão.

CADARÇO

Fazer o sinal de SAPATO (p. 242), simulando dar um laço.

CALÇAS

Simular que está puxando as calças para cima.

CAMISA

Mão direita aberta, com os dedos indicador e polegar segurando a roupa pelo ombro. Puxar a roupa, duas vezes, levemente, para cima.

CAPA DE CHUVA

As duas mãos configuradas em "A", uma palma de frente para a outra. Posicioná-las ao lado do pescoço e movimentá-las em um semicírculo, simulando vestir o capuz da capa, e, em seguida, fazer o sinal de CHUVA (p. 177).

CARTOLA

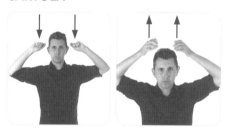

Mãos em "A", cada uma de um lado da cabeça, palmas para baixo, dedos unidos, como se estivessem segurando a aba da cartola. Simular que está encaixando uma cartola na cabeça e, em seguida, abrir as mãos, levando-as para o alto, imitando a altura do acessório.

CHAPÉU

Simular alguém segurando o chapéu pela aba e colocando-o na cabeça.

CHINELOS

Mãos na posição da foto. Passar a ponta do dedo indicador da mão direita sobre o dorso da mão esquerda até o pulso.

CINTO

Dedos indicador e polegar, das duas mãos, configurados em "C" e posicionados ao lado da cintura, palmas para dentro. Uni-los, simulando fechar um cinto.

COLAR

Mão configurada em "1", com a palma para dentro. Tocar o pescoço do lado esquerdo e fazer movimento semicircular para o lado direito.

GALOCHA

Fazer o sinal de BORRACHA (p. 89), puxando a mão direita até o cotovelo.

GRAVATA

Mãos configuradas em "C" com as palmas para dentro. Colocá-las sobre o tórax e movimentá-las em sentidos opostos.

GUARDA-CHUVA

Mãos em "A", palmas para dentro, mão direita em cima da esquerda. Elevar a mão direita, simulando alguém abrindo um guarda-chuva.

LENÇO

Mão direita configurada em "C", com a palma para dentro. Posicioná-la na frente do nariz, e, em seguida, puxar e juntar todos os dedos, simulando assoar o nariz.

LUVAS

Com a mão esquerda, simular que calça uma luva na mão direita.

239

MALA

Com a mão direita em "O", simular alguém carregando uma mala.

MANICURE

Com as pontas dos dedos indicador e polegar da mão direita, simular alguém pintando a unha do indicador esquerdo.

MEIAS

Mãos em "X", palmas para dentro, um indicador de frente para o outro. Aproximá-las e afastá-las duas vezes.

NAVALHA

Mão direita configurada em "U" e o polegar estendido. Passar o dorso dos dedos sobre a bochecha direita, para baixo.

ÓCULOS

Mãos em "C", configuradas apenas com os dedos indicador e polegar, uma palma de frente para a outra. Aproximá-las da lateral dos olhos, simulando colocar os óculos.

PALETÓ

Mãos configuradas em "A", com as palmas para dentro, simulando vestir um paletó.

PENTE (Escova de cabelo)

Mão direita configurada em "A", com a palma para a esquerda. Posicioná-la ao lado da cabeça e simular alguém penteando o cabelo.

PERFUME

Configurar a mão direita em "Y", com a palma para a esquerda, ao lado direito do pescoço. Movimentá-la para o lado esquerdo do pescoço.

PIJAMA

Mão direita configurada em "N", posicionada horizontalmente com a palma para dentro. Movimentá-la para baixo, tocando o tórax e a barriga, simulando os botões.

PÓ FACIAL

Mão direita aberta, com dedos esticados e unidos. Mão esquerda aberta, com a palma para cima. Colocar a mão direita sobre a palma da mão esquerda e levá-la para a bochecha duas vezes.

ROUGE/Blush

Mão direita em "A". Mão esquerda aberta, com a palma para cima. Colocar a mão direita sobre a palma da mão esquerda e levá-la para a bochecha, duas vezes.

ROUPA

Mãos com os dedos indicador e polegar segurando a roupa. Puxá-las, duas vezes, levemente, para cima.

SAIA

Mãos abertas na cintura, palmas para baixo. Levá-las para baixo, dando uma leve abertura nos braços.

SALTO

Mãos configuradas em "Y", posicionadas verticalmente, com uma palma de frente para outra. Movimentá-las para frente em círculos.

SAPATO

Mão esquerda aberta, posicionada horizontalmente, com dedos unidos. Mão direita em "C", com a palma para baixo. Passar a mão direita sobre a mão esquerda, iniciando nos dedos e finalizando no pulso.

SOBRETUDO

Fazer o sinal de PALETÓ (p. 240), em seguida abrir as mãos, deixando os dedos unidos e a palma para cima, e batê-las no meio da coxa.

TALCO

Simular alguém segurando um pote de talco, jogando-o sobre o corpo.

TAMANCO

Mão esquerda aberta, posicionada horizontalmente, com dedos unidos. Mão direita fechada, com os dedos polegar e indicador simulando uma fita. Passar os dedos sobre a mão esquerda, duas vezes. Em seguida, configurar mão direita em "C", e encostá-la na palma da mão esquerda, passando-a do pulso até os dedos.

TRAJE

1. De passeio completo: fazer o sinal de PALETÓ (p. 240) + GRAVATA (p. 239).

2. A rigor: fazer o sinal de ROUPA (p. 241). Em seguida, configurar as duas mãos em "1", com os dedos indicadores apontados um para o outro, e tocar os dedos duas vezes.

VESTIDO

Mãos abertas na altura do seio. Descê-las, abrindo-as levemente.

3. De gala: fazer o sinal de PALETÓ (p. 240). Com os dedos polegar e indicador configurados em "C", na fente do pescoço, puxar as mãos para lados opostos. Em seguida, fazer o sinal de CINTO (p. 238).

AQUÁTICO

Fazer o sinal de NATAÇÃO (p. 250).

BARALHO

Mãos em "B", na frente do corpo, palmas para dentro. Abri-las em "4", simulando um leque de cartas. Em seguida, configurá-las em "A", simulando distribuir as cartas.

BASQUETEBOL

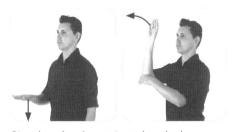

Simular alguém quicando a bola com a mão direita e lançando-a ao cesto.

BILHAR

Simular um jogador usando o taco desse jogo.

BOLA

Mãos abertas na frente do corpo, dedos separados, uma mão de frente para a outra. Simular alguém segurando uma bola.

BOLICHE

Estender o braço direito para baixo e para trás do tronco, dedos curvados e apontados para frente. Simular alguém jogando a bola, movendo o braço estendido em uma grande curva para frente.

CAMPEONATO

Mãos configuradas em "D". Cruzar os dedos indicadores, na altura da face, e, em seguida, movê-las para baixo.

CICLISMO

Fazer o sinal de BICICLETA (p. 88).

CLUBE

Mão direita configurada em "A", com o polegar estendido. Tocar com o dedo polegar a palma da mão esquerda aberta e balançar a mão direita para frente e para trás.

CORRIDA

Mãos configuradas em "A", com o polegar levantado, na frente do corpo, sendo que a esquerda deverá estar à frente da direita. Movimentar a mão da direita para frente, passando a mão esquerda.

DADOS

Mão direita fechada, simulando sacudir o dado e, em seguida, jogá-lo.

DAMA

Pontas dos dedos polegar, indicador e médio da mão direita unidas, apontadas para baixo; demais dedos fechados. Elevar, em diagonal, a mão em duas curvas pequenas para frente, simulando alguém movendo a pedra do jogo no tabuleiro.

DOMINÓ

Mãos em "U" horizontal, dedos da mão esquerda para frente e dedos da mão direita para a esquerda. Encostar a ponta dos dedos da mão direita no lado da ponta do indicador esquerdo e elevar a mão direita, em uma curva pequena, para o lado direito, baixando-a outra vez, simulando alguém jogando outra pedra de dominó.

EMPATE

Mãos em "B" horizontal, colocadas uma perto da outra, dedos para frente. Bater duas vezes as mãos uma contra a outra, pelos lados dos dedos indicadores.

EQUITAÇÃO

Mão esquerda em "B" com a palma para a direita, e mão direita em "V" com a palma para dentro. Colocar a mão direita sobre a mão esquerda, simulando alguém cavalgando. Fazer o sinal de CAVALO (p. 165).

ESPORTE

Mãos em "1", na frente do corpo, lado a lado, palmas de frente uma para a outra. Movimentar a mão direita para frente e a esquerda para trás.

FUTEBOL

Mãos em "A" com o polegar estendido, na frente do corpo, lado a lado, palmas para dentro. Elevá-las e baixá-las, um pouco, alternadamente.

GOL

Mão esquerda em "C", com a palma para baixo. Mão direita em "O" usando apenas os dedos indicador e polegar, palma para baixo. Com a mão direita, simular um jogador chutando a bola para o gol.

GOLFE

Mãos configuradas em "A", sendo que a palma esquerda deverá ficar na altura do antebraço do braço direito. Movê-las juntas, lentamente, para a esquerda, simulando alguém jogando golfe.

JUDÔ

Mãos configuradas em "S". Mão esquerda ao lado direito do peito e mão direita acima do ombro. Simular alguém puxando o adversário para frente.

JUIZ ESPORTIVO

Fazer o sinal de APITO (p. 84).

LUTA DE BOXE

Mãos em "S", separadas e colocadas diante da face, palma a palma; mão esquerda mais para frente. Movê-las um pouco, alternadamente, para frente e para trás, simulando um lutador de boxe.

NATAÇÃO

Simular alguém nadando.

PINGUE-PONGUE

Mão direita em "A", com os dedos polegar e indicador estendidos. Simular alguém mostrando a bolinha e jogando pingue-pongue.

TÊNIS

Mão direita em "S" com a palma para a esquerda. Simular segurar uma raquete e dar duas raquetadas na bola.

VOLEIBOL

Mãos abertas, colocadas acima da cabeça, palmas para cima. Dobrar os pulsos rapidamente para frente, simulando alguém batendo a bola acima da rede.

XADREZ

Fazer o sinal de CAVALO (p. 165), apenas com a mão direita, e, em seguida, fazer sinal de DAMA (p. 248).

ANDROID

Mãos em "D", ao lado da têmpora, palmas para dentro. Fazer movimentos para trás e para frente, alternadamente, duas vezes.

APLICATIVO

A-P-P

CAMFROG

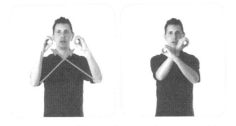

Mãos em "O", na frente do corpo. Fazer círculos alternadamente.

CD

C-D

CELULAR

Mão direita configurada em "Y", com a palma para dentro, ao lado direito da cabeça. Em seguida, abrir a mão esquerda com os dedos unidos e, com os dedos da mão direita, simular digitar na mão esquerda.

DOWNLOAD

Fazer sinal de COPIAR (p. 44).

DVD

D-V-D

FACEBOOK

Mãos em "B", uma palma de frente para a outra, tocando a lateral da boca alternadamente.

IMO

Mão direita em "O", posicionada na frente do olho direito, com o dedo mínimo levantado.

INSTAGRAM

Mão em "C", posicionada na frente do olho direito, com o dedo mínimo levantado.

INTERNET

Mãos configuradas em "I". Mão esquerda deverá estar à frente da mão direita. Fazer movimento circular para frente.

NOTEBOOK

Mãos abertas com os dedos unidos. Mão esquerda com a palma para cima e mão direita com a palma para baixo. Colocar a mão direita sobre a esquerda. Movimentar a mão direita para cima, simulando um notebook sendo aberto, e, em seguida, digitar.

PEN DRIVE

Mão direita fechada, na frente do corpo, com os dedos indicador e polegar estendidos, simulando um pen drive. Aproximar a mão direita da palma da mão esquerda, que deverá estar aberta e posicionada horizontalmente.

SITE

Configurar a mão direita em "W" e movimentá-la para a direita.

SKYPE

Mão direita em "P", mão esquerda em "S", na frente do corpo. Encaixar a mão esquerda na mão direita.

TABLET

Mão esquerda aberta, posicionada horizontalmente, com os dedos unidos. Mão direita aberta, com o dedo médio estendido para baixo. Deslizar o dedo médio duas vezes na palma da mão esquerda.

TWITER

Fazer o sinal de PÁSSARO (p. 169).

WEBCAM

Mão direita em "C" com a palma para dentro. Posicioná-la em frente ao rosto e girá-la para a esquerda e direita.

WHATSAPP

Mão direita configurada em "W", com a palma para a esquerda. Posicioná-la sobre a mão esquerda fechada, com a palma para baixo, e bater duas vezes o pulso da mão direita no dorso da mão esquerda.

YOUTUBE

Mão esquerda em "C" com a palma para a direita. Mão direita fechada, simulando um biquinho. Colocar a mão direita dentro da mão esquerda, em seguida, puxá-la para trás, configurando-a em "Y", e encaixá-la entre os dedos indicador e polegar da mão esquerda.

ADJETIVOS

AFLITO

Mãos abertas, posicionadas horizontalmente em frente ao corpo, palmas para dentro. Mexê-las para cima e para baixo, chacoalhando-as, fazendo expressão facial de desesperado.

AVARO (Avarento)

Mão direita configurada em "S", posicionada em frente ao corpo, com a palma virada para a esquerda. Levar o antebraço para trás.

BEM-VINDO

Fazer o sinal de BOM (p. 298) e, em seguida, abrir a palma da mão direita e fazer movimento retilíneo, da direita para a esquerda.

BRAVO

Mão direita aberta, com os dedos curvados, posicionada na frente do rosto, com a palma virada para ele. Levá-la para baixo em movimento reto, fazendo expressão facial de bravo.

BRUTO

Mão direita em "S" diante da face. Jogá-la para a esquerda, ligeiramente, abrindo todos os dedos.

CAIPIRA

As duas mãos em "5", posicionadas do lado esquerdo do corpo, com as palmas para baixo, a esquerda mais à frente que a direita. Fazer círculos para baixo.

CALMO

As duas mãos abertas, com as palmas voltadas para o peito. Colocá-las acima do peito e descê-las.

CALVO

Configurar a mão direita em "L", com a palma para baixo e passar na parte superior da cabeça.

CEGO

Mão direita em "V", diante dos olhos, palma para dentro. Baixar as pontas dos dedos, fechando os olhos ao mesmo tempo.

CHEIO

Formar um "C", com os dedos indicador e polegar, e segurar a ponta do nariz, enchendo a bochecha de ar.

COITADO

Mão direita, palma para dentro, dedos separados. Tocar duas vezes o peito com a ponta do dedo médio.

CÔMICO (Comédia)

Dedos indicador e polegar da mão direita unidos em "O", os demais dedos fechados, palma para dentro. Colocá-los no queixo, afastar a mão para frente, abrindo os dois dedos e sorrindo ao mesmo tempo.

CONTENTE

Mão direita configurada em "V", com as pontas dos dedos indicador e médio voltadas para baixo. Mão esquerda, com a palma para cima. Bater os dedos da mão direita no centro da mão esquerda e, logo em seguida, configurar a mão direita em "5", simulando uma pessoa pulando. Repetir duas vezes.

COVARDE

Configurar a mão direita em "C", com a palma para cima, e simular que está apertando algo, repetindo este gesto, duas vezes.

DE GRAÇA (Gratuito)

Mão direita em "B". Baixá-la em uma linha reta até a boca.

DOENTE

Colocar o polegar direito na parte interna do pulso esquerdo e, ao mesmo tempo, tocar, leve e alternadamente, o dorso do pulso esquerdo com os demais dedos da mão direita.

ELEGANTE

As duas mãos abertas, posicionadas na frente do corpo, com as palmas viradas uma de frente para a outra, horizontalmente. Configurar em "O" apenas os dedos indicadores e polegares. Levar as mãos para frente e para trás, duas vezes.

ESPERTO

Mão direita fechada, ao lado da bochecha. Abrir os dedos indicador, médio e polegar e baixar a mão em movimento sinuoso.

FINO

As duas mãos abertas, dedos separados, com os dedos indicadores e polegares unidos pelas pontas, palmas para frente, lado a lado. Encostar os dois polegares e afastá-los para lados opostos.

FRESCO (Clima)

As duas mãos abertas, posicionadas horizontalmente na altura do pescoço, uma de cada lado, com as palmas viradas para dentro. Abanar-se e soprar.

HONESTO

Unir pelas pontas, formando um círculo, os dedos indicadores e polegares; palmas viradas uma de frente para a outra. Levar as duas mãos juntas para baixo.

IMPORTANTE

Mão direita em "I", do lado direito da cabeça. Fazer movimento de espiral, indo em direção ao alto.

IMPOSSÍVEL

As duas mãos em "S" na frente do corpo, com as palmas viradas para baixo, mãos cruzadas. Descruzar as mãos e separá-las, girando os pulsos até as palmas estarem viradas para trás.

INDIFERENTE

Mão direita fechada, com os dedos esticados e unidos pelas pontas, palma para dentro. Tocar a ponta do nariz e levar a mão para o lado direito, fazendo expressão facial de desprezo.

INÚTIL

Mão direita aberta, dedos mínimo e anelar fechados. Tocar o dedo médio no polegar, esfregando-o até encolhê-lo, e fazer o mesmo com o dedo indicador, até a mão ficar configurada em "A", palma para cima; expressão facial negativa.

LOUCO

Girar, rapidamente, a ponta do dedo indicador da mão direita ao lado da cabeça.

MAIOR (Grande)

As duas mãos abertas, uma de frente para a outra, na frente do corpo, com os dedos unidos. Afastá-las para lados opostos.

MALCRIADO

Mão esquerda aberta, palma para baixo. Mão direita em "S", palma para baixo. Passar a mão direita por cima da esquerda, abrindo todos os dedos da mão direita ao mesmo tempo.

MALVADO

Mão direita em "S", palma para baixo. Colocar a mão sobre o coração e dobrá-la, duas vezes, para baixo pelo pulso. Expressão facial negativa.

MELHOR

Mão direita aberta, deitada, palma para dentro. Encostar as pontas dos dedos no queixo, arrastar a mão para o lado direito (fora do queixo) e mudar a configuração para o número "1", fazendo expressão facial positiva.

MÚTUO

Mãos em "D", palmas para dentro. Movê-las, alternadamente, para frente e para trás e, logo depois, esfregar os dedos indicadores.

NERVOSO

Esfregar a ponta do dedo indicador da mão direita ao longo da parte interna do antebraço esquerdo, fazendo expressão facial negativa.

NEUTRO

Mãos configuradas em "L", posicionadas horizontalmente, palmas para dentro na altura dos ombros. Levá-las para baixo ao mesmo tempo, rapidamente.

NU

Mão esquerda fechada, mão direita em "D". Passar o dedo indicador da mão direita no dorso da mão esquerda.

OCUPADO

Mão direita em "V", palma para dentro. Colocar as pontas dos dedos no pescoço, perto das clavículas, batendo-as, duas vezes.

PEGAJOSO

Fazer o sinal de PESSOA (p. 119), em seguida, configurar a mão esquerda em "1" deitado, palma para dentro, indicador apontado para a direita, e a mão direita em "O". Abrir a mão direita e pegar o indicador da mão esquerda, deslizando até sair do dedo. Duas vezes.

PERFEITO

Mão direita aberta, dedos mínimo, anelar e médio separados, esticados e apontados para cima, e dedos indicador e polegar curvados, tocando-se pelas pontas, fazendo um círculo; palma para dentro. Levar a mão para cima e para baixo, fazendo expressão facial positiva.

PIOR

Mão direita em "A", polegar destacado, apontado para baixo. Baixar um pouco a mão.

PRONTO

Mãos em posição horizontal, separadas, palma a palma, dedos indicadores e polegares formando "O" e demais dedos distendidos. Cruzar as mãos rapidamente pelos pulsos, distendendo os indicadores e polegares ao mesmo tempo.

PRÓXIMO

Mão direita em "1", palma para baixo, dedo indicador apontado para a esquerda. Fazer um semicírculo para frente.

RÁPIDO

Mão direita em "C", palma para a esquerda. Passar a mão rapidamente para a esquerda, diante da boca, soprando e fechando a mão em "S", ao mesmo tempo.

RESPONSÁVEL

Mão direita em "R" na frente do corpo, acima do ombro, com a palma para frente. Movimentá-la para frente.

SAFADO

Encostar o dorso dos dedos da mão direita na bochecha do lado direito, apontando-os para trás, e mover a mão nessa posição, em três círculos pequenos.

SÓ

Mão direita aberta ao lado direito da face, palma para frente, pontas dos dedos polegar e médio unidas, demais dedos distendidos e separados. Elevar a mão um pouco, esticando, ao mesmo tempo, os dedos médio e polegar, fazendo expressão facial de indignação.

SURDO

Tocar o indicador na orelha direita e, em seguida, tocá-lo nos lábios.

TEIMOSO

Mão direita em "4" com a palma para a esquerda. Apoiar o dedo indicador na ponta do nariz e escorregar a mão direita para a lateral esquerda do nariz.

VAGABUNDO

As duas mãos abertas, dedos esticados. Mão esquerda com a palma para frente e os dedos apontados para cima. Com a palma da mão direita, tocar a lateral da barriga duas vezes, cerrando os lábios.

VAIDOSO

Mão direita em "Y" horizontal, palma para dentro. Movê-la, um pouco, para cima sobre o tronco.

AMARELO

Mão direita em "D", palma para a esquerda. Colocar o lado do indicador entre os olhos e baixar a mão sobre o nariz.

AZUL

Mão direita em "A", passando de "Z" para "L".

BEGE

Mão esquerda fechada, posicionada horizontalmente com a palma para baixo. Mão direita em "B". Passar a mão direita no dorso da mão esquerda.

BRANCO

Mão esquerda aberta, palma para baixo, dedos para frente. Mão direita aberta, palma para cima. Colocar a mão direita no ombro esquerdo e deslizá-la até o dorso da mão esquerda.

CINZA

Mão esquerda em "S", palma para baixo. Mão direita em "C" horizontal, palma para frente. Mover a mão direita, duas vezes, de um lado para o outro, sobre o dorso da mão esquerda.

COR DE ROSA

Dedos da mão direita unidos na bochecha. Balançar a mão da direita para a esquerda.

CORES

Mão direita aberta, posicionada na frente da boca com a palma para dentro, dedos esticados e separados. Tocar os lábios e afastar a mão, trepidando os dedos.

DOURADO

Fazer sinal de OURO (p. 117).

LILÁS

Mão esquerda fechada posicionada horizontalmente com a palma para baixo. Mão direita em "L". Passar a mão direita no dorso da mão esquerda.

MARROM

Mão esquerda em "S", palma para baixo. Mão direita em "M". Colocar os dedos da mão direita no dorso da mão esquerda e mover a mão direita de um lado para o outro, duas vezes.

PRATA

Mão esquerda fechada, posicionada horizontalmente, com a palma para baixo. Mão direita em "P", com a palma para cima. Bater a mão direita no dorso da mão esquerda, duas vezes.

PRETO

Configurar a mão direita em "A", ao lado da testa, e girá-la.

ROXO

Mão esquerda em "S", palma para baixo. Mão direita em "R" horizontal. Colocar os dois dedos em "R" no dorso da mão esquerda e movê-los, de um lado para o outro, duas vezes.

VERDE

Mão esquerda em "S", palma para baixo. Colocar os dedos da mão direita em "V" no dorso da mão esquerda e movê-los, duas vezes, de um lado para o outro.

VERMELHO

Mão direita em "D", palma para dentro. Tocar o lábio inferior com a ponta do dedo indicador, duas vezes.

ADVÉRBIOS

AINDA

Mão direita em "A", palma para o lado esquerdo, polegar encostado na frente do queixo; bater duas vezes.

ALI

Mão direita configurada em "1", posicionada na frente do corpo. Apontar para o local que está desejando indicar.

ANTES

Mão direita em "L", dedo indicador apontado para frente. Mão esquerda aberta com a palma voltada para a direita. Com o polegar da mão direita, tocar o centro da mão esquerda e girar o pulso da mão direita.

AQUI

Mão direita configurada em "1". Apontá-la para baixo, duas vezes.

ATRÁS

Mão direita configurada em "1". Apontá-la para trás, acima do ombro direito, empurrando-a, duas vezes.

COMO

Mãos separadas diante do peito, com as pontas dos dedos unidas e apontadas para cima. Movê-las para cima e para baixo, ao mesmo tempo, duas vezes, com olhar interrogativo no rosto.

DENTRO

Mãos em "O". Colocar as pontas dos dedos da mão direita dentro da mão esquerda horizontal.

DEPOIS

Mão direita em "D" horizontal, dedo indicador apontado para a esquerda. Girá-la à altura do ombro direito, em um semicírculo para frente.

EMBORA

Mão direita configurada em "S". Abrir a mão, duas vezes.

LOGO (Rápido)

Mão direita configurada em "C", palma para a esquerda. Fazer movimento rápido para a esquerda e para a direita, duas vezes.

MAIS

As duas mãos abertas, palmas para baixo, uma sobre a outra. Tocar o dorso da mão esquerda com a mão direita e afastá-la, levando-a para cima, inclinando-a para a direita.

MAIS OU MENOS

Mão direita aberta, palma para baixo, dedos distendidos. Virar a mão para cima e para baixo.

MENOS

Mão esquerda aberta. Mão direita em "1", palma para baixo. Encostar a lateral do dedo indicador da mão direita na palma da mão esquerda e arrastá-la para baixo.

ONDE

Mãos separadas diante do tronco, em posição horizontal, dedos indicadores e polegares formando um "C"; demais dedos fechados. Baixar as mãos com força e elevá-las em uma curva para os lados opostos, abrindo-as e virando as palmas para cima.

PRÓXIMO

Mão direita em "1", palma para baixo, dedo indicador apontado para a esquerda. Fazer um semicírculo para frente.

QUANDO

Mão direita aberta, posicionada acima do ombro, palma para trás. Dobrar os dedos, duas vezes.

QUANTOS

Mão direita em "S", palma virada para seu rosto. Esticar os dedos um por um, começando pelo indicador.

AINDA NÃO

Mão direita configurada em "A", palma para o lado esquerdo, polegar encostado no queixo. Bater o polegar no queixo, duas vezes, e balançar a cabeça em sinal de negação.

COM

Mãos em "A", lado a lado, polegares para cima. Encostá-las.

CONTRA

As duas mãos configuradas em "1", com as palmas viradas para dentro. Dedos indicadores apontados para cima. Descer ambos até estarem deitados, um apontando para o outro.

DE FRENTE

Mão direita aberta, posicionada na frente do nariz, dedos unidos e esticados. Afastá-la, levando-a para frente.

DURANTE

Mão em "D" horizontal, colocada diante do tronco, palma para baixo, dedo indicador para frente. Movê-la em uma linha reta para frente.

EM DIREÇÃO A

Mão direita em "B" horizontal, palma ligeiramente para a esquerda. Movê-la diagonalmente para o lado esquerdo, numa linha reta.

MAS

Mão aberta, posicionada na frente do corpo, palma para frente. Movê-la, levemente, para frente.

OU (Alternativa)

Mão direita em "O", palma para frente. Girá-la, mudando-a para "U", com a palma para dentro.

PARA BAIXO

Mão direita em "1", palma para dentro. Apontar para baixo uma vez.

PARA CIMA

Mão direita em "1", palma para frente. Apontar para cima uma vez.

PARA QUE

Mão direita fechada, simulando um bico, palma para cima. Levá-la para frente e para trás, duas vezes.

PORQUE

As duas mãos em "1". Dedo indicador da esquerda apontando para a direita e o da direita, para frente. Deixar a mão esquerda parada e bater o dedo indicador da mão direita no indicador da mão esquerda.

SOB	**SOBRE**

Mãos abertas em posição horizontal, palmas para baixo. Mover a mão direita em uma grande curva, por baixo da mão esquerda.	Mãos abertas, palmas para baixo. Elevar a mão direita e colocá-la sobre o dorso da mão esquerda.

PRONOMES

CADA

Mão direita aberta, com a palma virada para frente. Unir os dedos polegar e médio e soltá-los, esticando-os novamente, duas vezes. O pulso vai, levemente, de um lado para o outro.

ELE (ELA)

Apontar a pessoa indicada, presente ou ausente.

ELES (ELAS)

Apontar para várias pessoas, presentes ou ausentes.

ESSE (ESSA)

Apontar para o que desejar mostrar.

ESTE (ESTA)

Apontar para o que desejar mostrar.

EU

Apontar para você mesmo(a), tocando seu peito com o dedo indicador.

MEU / MINHA

Tocar duas vezes no peito com a palma da mão direita aberta.

NADA

Mão esquerda aberta, palma para cima. Esfregar a palma da mão direita, em círculos, na palma da mão esquerda.

NINGUÉM

Fazer sinal de PESSOA (p. 119) e sinal de NADA (p. 292).

NÓS

Mão direita configurada em "1", posicionada no ombro direito, palma para dentro. Levá-la em semicírculo para o ombro esquerdo.

NOSSO

Mão direita configurada em "1", posicionada no ombro direito, palma para dentro. Levá-la em semicírculo para o ombro esquerdo.

OUTRO

Mão direita em "L", palma virada para seu rosto. Virar a palma para frente.

QUE

Mão direita fechada, com a palma para frente, dedos indicador e polegar levemente esticados e unidos pelas pontas. Levar a mão duas vezes para frente.

QUEM

Pontas dos dedos indicador e polegar da mão direita unidas, demais dedos fechados, palma para frente. Mover a mão, duas vezes, para frente e pará-la de repente.

SEU

Mão direita em "P", dedo indicador apontado para a esquerda. Sacudir a mão, pelo pulso, em direção daquela pessoa com quem ou de quem se está falando.

TODO

As duas mãos em "T", lado a lado. Fechar os dedos um a um, começando pelo dedo mínimo, até as mãos estarem fechadas.

VÁRIOS

Mão direita fechada, com os dedos polegar, indicador e médio esticados e com a palma para baixo. Mão esquerda aberta, com os dedos separados e esticados, e a palma voltada para a esquerda. Dispor a mão direita sobre a esquerda. Esfregar os dedos indicador e médio da mão direita, passando por cima de todos os dedos da mão esquerda.

VOCÊ

Com a mão direita em "D", apontar a outra pessoa com quem se está falando.

VOCÊS

Com a mão direita em "D", apontar várias pessoas com quem se está falando.

ALEGRE

Mãos abertas, com dedos separados, palmas para dentro. Posicioná-las em frente ao peito, batê-las nele e movimentá-las para cima. Expressão facial de alegre.

TRISTE

Mão direita em "Y" horizontal, palma para dentro. Colocar o lado do polegar no queixo e baixar um pouco a cabeça para o lado, com expressão de tristeza no rosto.

ALTO

Mão direita em "D", colocada à altura do ombro direito, palma para dentro. Elevar um pouco o braço, girando a mão pelo pulso e traçando uma espiral no ar ao mesmo tempo.

BAIXO

Colocar a mão direita aberta no lado direito até a altura da cintura, palma para baixo.

AMIGO

Mão direita aberta, palma para cima, dedos unidos, apontando para a esquerda. Tocar, levemente, a beira da mão no peito.

INIMIGO

Mão esquerda aberta, palma para cima, dedos para frente. Mão direita aberta com os dedos médio e polegar unidos, palma para baixo. Colocar a ponta dos dedos da mão direita na parte posterior da palma da mão esquerda e mover a mão rapidamente para frente. Fazer expressão facial negativa.

ÁSPERO

Mão esquerda aberta, com a palma para cima. Mão direita aberta, com dedos curvados, com a palma para baixo. Bater a mão direita sobre a palma da mão esquerda.

LISO

Mãos abertas, com a palma direita cruzando a esquerda. Mover para a frente a mão direita, devagar, numa linha reta ao longo e além da esquerda, seguindo o movimento da mão com os olhos.

BELO

Mão direita aberta, colocada diante do rosto, palma para dentro. Fechá-la em seguida.

FEIO

Configurar a mão direita em "L" com a palma para dentro. Posicioná-la em frente ao peito e, em seguida, bater nele. Expressão facial negativa.

BOM

Pontas dos dedos da mão direita unidas, colocadas diante da boca, palma para dentro. Mover a mão, ligeiramente para frente, distendendo os dedos ao mesmo tempo.

MAU

Mão direita aberta, colocada perto do lado direito da face, palma para a esquerda. Baixar a mão rapidamente diante da face, numa curva para a esquerda, com um olhar de reprovação no rosto.

CARO

Fazer o sinal de DINHEIRO (p. 98), elevando a mão. Expressão facial de espanto.

BARATO

Fazer o sinal de DINHEIRO (p. 98) e, em seguida, o sinal de POUCO (p. 305).

CERTO

Dedos indicador e polegar da mão direita formando "O", demais dedos unidos e apontados para a esquerda, palma para dentro. Colocar a mão diante do peito e baixá-la numa linha reta com força.

ERRADO

Fazer o sinal de ERRAR (p. 53).

CLARO

Mãos fechadas, em frente ao rosto, com os dedos unidos. Elevar, devagar, as mãos em uma curva para os lados opostos e separar os dedos ao mesmo tempo.

ESCURO

Mãos abertas, colocadas acima dos ombros, à altura da cabeça, palmas para frente, dedos separados. Baixar as mãos numa curva diante da face, unindo as pontas dos dedos ao mesmo tempo, até ficarem lado a lado.

COMPRIDO

Mãos configuradas em "1", posicionadas horizontalmente, uma palma de frente para a outra. Movimentá-las para fora.

CURTO

Mãos configuradas em "1", posicionadas horizontalmente, uma palma de frente para a outra. Movimentá-las para dentro.

DEPRESSA

Mão direita em "C", na frente da boca, com a palma para a esquerda. Passá-la na frente da boca, rapidamente, duas vezes.

DEVAGAR

Mão direita aberta com os dedos separados e a palma para baixo. Movimentá-la para baixo e para cima, três vezes.

DIFÍCIL

Mão direita em "D" horizontal, palma para baixo, dedo indicador para a esquerda. Encostar o lado do dedo indicador no lado direito da testa e mover a mão para a esquerda, dobrando três vezes o indicador ao mesmo tempo.

FÁCIL

Mão direita aberta, palma para dentro, dedos separados e apontados para cima. Dobrar o dedo médio, encostando a unha no alto da testa, e, em seguida, afastar a mão para cima, endireitando o dedo médio ao mesmo tempo.

DOCE

Fazer o sinal de AÇÚCAR (p. 147).

AMARGO

Mão direita em "D", palma para dentro. Colocar a ponta do dedo indicador no canto direito da boca, simulando alguém saboreando uma coisa amarga.

DURO

Mão esquerda em "S" horizontal, palma para baixo. Mão direita em "X", palma para dentro. Bater, com força, duas vezes, o lado do dedo indicador no dorso do pulso esquerdo.

MOLE

Mão direita em "C" na frente do corpo, palma virada para a esquerda. Fechá-la, duas vezes, apenas tocando a ponta dos dedos, simulando apertar algo macio.

FORTE

Mão direita configurada em "V", posicionada verticalmente, com a palma para a esquerda. Colocar o dedo ao lado direito do nariz e subir.

FRACO

Pontas dos dedos da mão direita unidas, apontando para dentro, e colocadas perto do lado direito do queixo. Mover a mão para dentro e para fora, duas vezes.

GORDO

Mão direita em "Y", posicionada no dorso da mão esquerda, palma para baixo. Levar a mão direita até a altura do cotovelo, balançando-a e enchendo a bochecha de ar.

MAGRO

Mão direita em "I", colocada diante da face, palma para dentro. Baixar a mão, sugando as bochechas para dentro, ao mesmo tempo.

GRANDE

Mãos abertas, separadas, palma a palma, dedos separados e esticados. Colocar as mãos em frente ao corpo e afastá-las, lentamente, para os lados opostos.

PEQUENO

Configurar os dedos indicador e polegar em "C", simulando mostrar algo pequeno.

HUMILDE

Mãos em "F" na frente do corpo, palmas para baixo. Encostar os dedos polegares e afastá-los em arco para lados opostos, abaixando.

ORGULHOSO

Mão direita em "Y", palma para dentro. Tocar o dedo mínimo no peito e elevar a mão em direção ao ombro, fazendo expressão facial de vaidade.

IGNORANTE

Mão esquerda em "S", com a palma para baixo. Mão direita em "X", com a palma para dentro. Bater duas vezes o lado do dedo mínimo no dorso da mão esquerda. Expressão facial contraída.

INTELIGENTE

Elevar a mão direita configurada em "5", posicionada ao lado da testa, palma para dentro.

IGUAL

Mãos em "V", com uma palma de frente para a outra. Posicioná-las em frente ao corpo e fechar os dedos em "U".

DIFERENTE

Mãos em "R" horizontal, palmas para baixo, dedos para frente, tocando-se pelas pontas dos dedos médios. Afastar ligeiramente as mãos para os lados opostos, virando-as palma a palma e mudando o "R" para "V" horizontal, com o polegar solto.

LARGO

Mãos abertas, palma a palma, dedos unidos e esticados. Colocar as mãos em frente ao corpo. Afastá-las, lentamente, para os lados opostos.

ESTREITO

Mãos abertas, palma a palma, dedos unidos e esticados. Colocá-las em frente ao corpo e juntá-las lentamente.

LEVE

Mãos abertas diante do tronco, palmas para cima, dedos para frente. Movê-las, ligeiramente, para cima e para baixo, ao mesmo tempo, simulando alguém carregando uma coisa muito leve.

PESADO

Mãos em "S" horizontal, separadas, palmas para cima. Baixá-las ao mesmo tempo e devagar, parando-as por um momento, simulando alguém segurando alguma coisa bem pesada.

LIMPO

Mão esquerda aberta, palma para cima, dedos para frente. Mão direita em "L" horizontal, palma para baixo. Colocar o "L" na palma esquerda e movê-lo numa linha reta para frente sobre a palma esquerda.

SUJO

Mão direita configurada em "1". Colocar a ponta do dedo indicador no lado direito do pescoço e girá-la para dentro.

LONGE

Mãos abertas com os dedos polegares e indicadores unidos, palmas para frente. Juntar os dedos da mão direita com os da mão esquerda e posicioná-los em frente ao corpo. Movimentar a mão direita para a diagonal.

PERTO

Mãos configuradas em "1", sendo que a mão esquerda deverá estar à frente da mão direita. Movimentar de modo que as mãos se encontrem.

MOLHADO

Fazer o sinal de ÁGUA (p. 147) e, em seguida, abrir as mãos com os dedos curvados. Fechar e abrir as mãos, duas vezes, simulando torcer algo.

SECO

Mão direita aberta diante do tronco, palma para cima, dedos separados e estendidos. Baixar a mão devagar, fechando-a em "S".

MUITO

Mãos em posição horizontal, diante do tronco, separadas, pontas dos dedos unidas, apontando para cima. Afastar e unir os dedos três vezes.

POUCO

Mão direita em "X" horizontal, palma para cima. Passar, rapidamente, três vezes, a ponta do polegar sobre a ponta do indicador.

NOVO

Mão direita em posição horizontal, palma para a esquerda, pontas dos dedos unidas. Mover a mão, ligeiramente, para a esquerda, separando os dedos, ao mesmo tempo.

VELHO

Mão direita em "S" horizontal, palma para dentro. Colocá-la debaixo do queixo, duas vezes.

PÁLIDO

Mão direita aberta, dobrada ao meio, dedos unidos. Encostar o dorso dos dedos na parte de cima da bochecha no lado direito, arrastar a mão para baixo e abrir levemente a boca.

CORADO

Traçar círculos pequenos na bochecha.

POBRE

Mãos abertas, palmas de frente uma para a outra, na frente do corpo. Tocar as mãos, levantá-las, levemente, e, em seguida, afastá-las. Repetir duas vezes.

RICO

Fazer sinal de DINHEIRO (p. 98) nas duas mãos e movimentá-las para cima, enchendo as bochechas com ar.

PRIMEIRO

Mão direita em "D" horizontal, palma para a esquerda. Movê-la, em uma curva rápida, para cima.

ÚLTIMO

Mão esquerda aberta, com a palma para cima. Mão direita aberta, com os dedos unidos e levemente curvados. Bater com força as pontas dos dedos da mão direita na base da palma esquerda.

QUENTE

Mão direita em "C", palma para a esquerda. Movê-la devagar para a esquerda, para bem perto da boca meio aberta.

GELADO

Mão direita configurada em X, com a palma para a esquerda. Tocar o dedo indicador no queixo, duas vezes.

RASO

Mão esquerda aberta, na frente do corpo, palma para baixo, apontando para a direita. Mão direita também aberta, apontada para frente e posicionada sobre a mão esquerda, na altura do pulso, palma para baixo. Arrastar a mão direita na direção dos dedos.

FUNDO

Mão direita aberta, posicionada para baixo, com os dedos unidos. Movimentá-la para baixo.

SIM

Mão direita em "S" na frente do corpo, palma para frente. Abaixar a mão apenas mexendo o pulso, duas vezes.

NÃO

Mover a mão direita em "D" para a esquerda e para a direita.

ÍNDICE

Agradecimentos 5

Apresentação desta Edição 7

Palavras do Exmo. Sr. Diretor do Instituto Nacional de Educação

de Surdos (na 1ª Edição).. 9

Apresentação da 1ª Edição 11

Prefácio do Autor 13

Abecedário... 17

Números... 23

Cardinais..25

Ordinais 27

Quantitativos 28

Verbos 29

Substantivos 81

Homem e família 133

Alimentos e bebidas 145

Animais..161

O mundo e a natureza 175

Religião..185

Noções de tempo 203

Regiões do mundo 215

Estados do Brasil... 227

Vestuários e acessórios 235

Esportes e jogos recreativos 245

Atualidades 253

Adjetivos 259

Cores 271

Advérbios 277

Locuções, conjunções e preposições 283

Pronomes 289

Antônimos 295

VERBOS 29

A

Abaixar 31
Abandonar 31
Abençoar...31
Abrir 31
Acabar 31
Acender/Luz 31
Achar/Encontrar 32
Achar/Pensar, supor 32
Acompanhar....................................32
Aconselhar......................................32
Acontecer 32
Acordar...32
Acusar..33
Adivinhar 33
Admirar 33
Adorar 33
Adular...33
Afastar 33
Afiar/Amolar 34
Afogar 34
Agradecer 34
Ajoelhar 34
Ajudar...34
Almoçar 34
Alugar...35
Amar...35
Amolar/Incomodar 35
Andar..35
Antecipar...35
Apagar..35
Aparecer 36
Aplaudir..36
Apostar...36
Aprender 36
Apresentar/Mostrar.........................36
Arar...36
Arrastar...37

Assobiar..37
Assustar 37
Atirar 37
Atrasar 37
Aumentar...37
Avisar..38

B

Bater...38
Batizar...38
Beber...38
Beber no copo 38
Beijar 38
Blasfemar...39
Brigar..39
Brilhar...39
Brincar 39

C

Cair...39
Cansar 39
Cantar...40
Casar 40
Castigar 40
Chamar..40
Chegar...40
Cheirar...40
Chorar 41
Chutar...41
Classificar..41
Cochichar 41
Cochilar 41
Colidir..41
Começar 42
Comer..42
Comparar 42
Comprar 42
Compreender 42
Comunicar 42
Concordar 43

313

Conduzir 43
Conhecer 43
Consertar 43
Consolar 43
Contar 43
Continuar 44
Contribuir 44
Conversar 44
Convidar 44
Copiar 44
Correr 44
Corresponder 45
Corrigir 45
Cortar 45
Costurar 45
Cozinhar 45
Crer 45
Crescer 46
Criar 46

D

Dançar 46
Dar 46
Decidir 46
Deitar-se 46
Demorar 47
Derramar 47
Derreter 47
Desaparecer 47
Descansar 47
Descer 47
Descobrir 48
Desconfiar 48
Desculpar 48
Desenhar 48
Desfilar 48
Desistir 48
Desobedecer 49
Desprezar 49
Destruir 49

Desviar 49
Dever/Obrigação 49
Difamar 49
Diminuir 50
Discutir 50
Distrair 50
Distribuir 50
Dividir 50
Doer 50
Dormir 51
Duvidar 51

E

Edificar 51
Emprestar 51
Empurrar 51
Encontrar 51
Enfeitar 52
Enforcar 52
Enganar 52
Ensinar 52
Entrar 52
Envergonhar 52
Enviar 53
Enviar (mensagem) 53
Errar 53
Escolher 53
Esconder 53
Escrever 53
Escutar 54
Esperar 54
Esquecer 54
Estar com fome 54
Estar com sede 54
Estar com sono 54
Estudar 55
Evitar 55
Experimentar/Provar 55
Explicar 55
Expulsar 55

F

Falar..56
Falar com as mãos/
Língua de Sinais 56
Faltar/Coisas..................................56
Faltar/Presença...............................56
Fazer...56
Fazer a barba.................................56
Fechar...57
Ficar/Estar no lugar 57
Ficar/Namorados............................57
Fingir 57
Fotografar 57
Fritar 57
Fugir 58
Fumar 58
Furtar/Roubar 58

G

Ganhar...58
Gastar..58
Glorificar..58
Gostar..59
Não gostar 59
Gritar 59
Guardar 59

I

Imprimir 59
Insistir 60
Inventar 60
Ir 60

J

Jantar...60
Jejuar...60
Juntar 61
Jurar 61

L

Lavar 61
Lavar as mãos 61
Lembrar 61
Ler 61
Ler os lábios 62
Levantar...62
Levar 62

M

Mancar...62
Mandar 62
Marchar 62
Matar 63
Medir 63
Meditar/Religião 63
Memorizar 63
Mendigar..63
Mentir..63
Mergulhar.......................................64
Misturar 64
Morrer 64
Mostrar 64
Mudar 64
Mudar de lugar...............................64

N

Namorar 65
Nascer 65

O

Obedecer 65
Odiar 65
Ofender 65
Oferecer 65
Ofuscar...66
Olhar...66
Ouvir..66

P

Pagar 66
Parar 66
Parecer 66
Passar/Roupa 67
Passar 67
Passear 67
Patinar 67
Pedir 67
Pegar 67
Pendurar 68
Pensar 68
Perder 68
Perdoar 68
Perguntar 68
Pescar 68
Pintar 69
Plantar 69
Poder 69
Não poder 69
Pôr/Colocar 69
Prender 69
Privar/Proibir 70
Procurar 70
Prometer 70
Proteger 70
Provar 70
Provocar 70
Pular 71

Q

Quebrar 71
Queixar-se 71
Querer 71

R

Receber 71
Remar 71
Repreender 72
Respirar 72

Responder 72
Rir 72

S

Saber 72
Saborear 72
Salvar 73
Seguir 73
Segurar 73
Sentar 73
Sentir 73
Separar 73
Servir 74
Sofrer 74
Soletrar 74
Sonhar 74
Soprar 74
Suar 74
Subir 75
Sumir/Desaparecer 75
Suspender 75

T

Temer 75
Tentar 75
Ter 75
Não ter 76
Tocar 76
Tornar-se 76
Trabalhar 76
Trair 76
Trocar 76

V

Vencer 77
Vender 77
Ver 77
Vestir 77
Viajar 77
Vigiar 77

Vingar 78
Visitar... 78
Viver.. 78
Voar 78
Votar 78

Z
Zangar 78
Zombar 79

SUBSTANTIVOS 81

A
Aço 83
Adeus/Tchau................................... 83
Advogado.. 83
Aeronáutica 83
Alfinete 83
Alicate 84
Alumínio 84
Amante... 84
Aniversário 84
Ansiedade 84
Apito... 84
Aposentadoria................................. 85
Armário... 85
Arquitetura 85
Assoalho 85
Atividade 85
Auditório 85
Automóvel....................................... 86
Avenida 86
Avental 86
Avião 86
Azar 86

B
Bairro.. 86
Balança 87

Balanço... 87
Balão de festa 87
Balde 87
Banco/$ 87
Bandeira 87
Banheiro 88
Barba 88
Barco 88
Barulho 88
Bicicleta 88
Binóculo.. 88
Bobo 89
Bomba 89
Bondade.. 89
Boneca.. 89
Borracha 89
Botão 89

C
Cachimbo 90
Cadeira 90
Caderno... 90
Caminhão 90
Caminho 90
Campeão... 90
Caneta 91
Capital 91
Capitão.. 91
Carnaval.. 91
Carpintaria....................................... 91
Carroça 91
Carta... 92
Carteira de bolso.............................. 92
Casa.. 92
Catapora.. 92
Centro 92
Cerca 92
Cesto de Lixo 93
Charuto 93
Chave 93

Chefe/Senhor 93
Chifres 93
Churrasco 94
Cidade 94
Cidade/Interior 94
Ciência 94
Cinema 94
Circo 94
Ciúme 95
Cobertor 95
Cola 95
Colega/Amigo 95
Colher 95
Comício 95
Compromisso 96
Comunista 96
Confusão 96
Copo 96
Coração 96
Coragem 96
Cordão 97
Coroa 97
Corpo 97
Corrente 97
Costume 97
Cuidado 97
Culpa 98
Curiosidade 98

D
Defunto 98
Delícia 98
Detetive 98
Dinheiro 98
Diretor 99
Dívida 99
Divórcio/Separar 99
Documento 99
Dor de cabeça 99

E
Economia 99
Educação/Personalidade 100
Eletricidade 100
Elevador 100
Empregado 100
Encadernação 100
Endereço/Rua 101
Enfermeiro(a) 101
Engenharia 101
Enterro 101
Escola 101
Escova de dentes 101
Espelho 102
Espingarda 102
Espionagem 102
Estátua 102
Estrada 102
Estudante/Aluno 102
Exame escolar/Prova 103
Exército 103
Extra 103

F
Fábrica 103
Faca 103
Farmácia 103
Fazenda 104
Febre 104
Feira 104
Feriado 104
Férias 104
Ferro 104
Festa 105
Fio 105
Fiscal 105
Flecha 105
Fogo 105
Fogos de artifício 105
Foguete espacial 106

Formatura 106
Fumaça 106

G
Garfo 106
Gasolina... 106
Geladeira.. 106
Giz 107
Governo 107
Grão 107
Gripe 107
Guardanapo 107
Guerra 107
Gula 108

H
Helicóptero....................................... 108
História 108
Horror 108
Hospital 108
Hotel.. 108

I
Idade 109
Ideia.. 109
Imposto 109
Inquérito.. 109
Inveja 110

J
Janela 110
Jardim.. 110
Jornal... 110
Juiz 110
Justiça.. 110

L
Ladrão 111
Lama.. 111
Lanche 111

Lápis 111
Lapiseira 111
Lata... 111
Lei... 112
Leilão 112
Licença.. 112
Livro 112
Lugar 112

M
Madeira 112
Máquina 113
Máquina de lavar................................. 113
Marinha 113
Marinheiro 113
Mecânico 113
Medicina.. 113
Médico 114
Merenda 114
Mesa.. 114
Metais 114
Microscópio....................................... 114
Moleque 114
Motor 115
Movimento 115
Multa 115
Música 115

N
Navio 115
Negócio... 115
Meu Nome 116
Seu Nome... 116
Notícia 116

O
Obrigado.. 116
Óleo lubrificante.................................. 116
Ônibus.. 117
Operação/Cirurgia 117

Órbita 117
Osso 117
Ouro 117

P

Paciência 117
Padaria 118
País 118
Palhaço 118
Papel 118
Parede 118
Perfumaria 118
Perigo 119
Pessoa 119
Piloto 119
Pires 119
Pneu 119
Polícia 119
Ponte 120
Povo 120
Praça 120
Prata 120
Prato 120
Prefeito 120
Prefeitura 121
Prego 121
Preguiça 121
Presente 121
Presidente 121
Professor 121
Progresso 122
Pulso 122
Punho 122
Puro 122

Q

Quadro 122
Quilo 122

R

Rádio 123
Rainha 123
Razão 123
Régua 123
Rei 123
Relógio de pulso 123
Remédio 124
Represa 124
Representante 124
Restaurante 124
Reunião 124
Roda 125
Rua 125

S

Sacola 125
Salário 125
Sangue 125
Saudade 125
Secretário 126
Segredo 126
Serra 126
Serrote 126
Silêncio 126
Simpatia 126
Sino 127
Sócio 127
Soldado 127
Sorte 127
Substituto 127
Surpresa 127

T

Táxi 128
Telefone 128
Televisão 128
Tigela 128
Tosse 128
Treino 128

Trem 129
Tuberculose 129

U
Urticária 129

V
Vela 129
Veneno 129
Ventilador 129
Verdade 130
Vez 130
Vice-presidente 130
Vidro 130
Vizinho 130
Vontade 130
Voz 131

X
Xícara 131

HOMEM E FAMÍLIA 133
Por ordem de proximidade

Homem 135
Mulher 135
Família 135
Marido 135
Esposa 135
Pai 135
Mãe 136
Bebê 136
Filho 136
Filha 136
Menino 137
Menina 137
Jovem 137
Rapaz 137
Moça 137

Irmão 137
Irmã 137
Meio-irmão 138
Meia-irmã 138
Irmão de criação 138
Irmã de criação 138
Avô 139
Avó 139
Tio 139
Tia 139
Primo 139
Prima 139
Padrasto 140
Madrasta 140
Solteiro 140
Solteira 140
Noivo 140
Noiva 141
Sogro 141
Sogra 141
Genro 141
Nora 141
Cunhado 141
Cunhada 142
Sobrinho 142
Sobrinha 142
Padrinho 142
Madrinha 142
Viúvo 142
Viúva 143

ALIMENTOS E BEBIDAS 145

A
Abacate 147
Abacaxi 147
Abóbora 147
Açúcar 147
Água 147

Alface 148
Amendoim..................................... 148
Arroz... 148
Azeitona 148

B

Bala... 148
Banana.. 148
Batata 149
Biscoito... 149
Bolo 149

C

Cachaça 149
Café 149
Caju 149
Camarão 150
Cana 150
Carne 150
Cebola... 150
Cenoura... 150
Cerveja 151
Chá 151
Chiclete 151
Chocolate 151
Chope.. 151
Chuchu 151
Coco 152
Couve-flor...................................... 152
Creme.. 152

E

Empada 152
Ervilha... 153

F

Farinha... 153
Feijão... 153
Figo 153

L

Laranja 153
Leite... 153
Limão... 154

M

Maçã 154
Manga 154
Manteiga 154
Macarrão 154
Mate/Chimarrão 154
Mel 155
Melão 155
Melancia 155
Milho 155
Molho 155
Morango... 155

N

Noz 156

O

Óleo... 156
Ovo.. 156

P

Pão 156
Pastel 156
Peixe/Já pescado 156
Pera 157
Pêssego 157
Picolé... 157
Pimenta 157
Pipoca.. 157
Pizza 157
Presunto 158

R
Repolho 158

S
Sal.. 158
Salada... 158
Sanduíche.................................... 158
Sopa 158
Sorvete 159
Suco.. 159

T
Tangerina..................................... 159
Tomate.. 159

U
Uísque/Whiskey............................ 159
Uva 160

V
Verduras 160
Vinagre 160
Vinho 160

ANIMAIS 161

A
Águia 163
Animais.. 163
Aranha 163

B
Barata 163
Bode.. 163
Borboleta...................................... 164
Burro.. 164

C
Cachorro....................................... 164

Camelo
Camelo 164
Camundongo 164
Canário... 165
Caranguejo.................................... 165
Carneiro.. 165
Cavalo.. 165
Cobra... 165
Coelho 166
Coruja.. 166

E
Elefante 166
Ema 166

G
Galinha 166
Ganso 167
Gato 167
Girafa... 167

I
Inseto... 167

J
Jacaré 167

L
Lagosta... 168
Leão... 168
Lobo 168

M
Macaco... 168
Morcego.. 168
Mosca... 168

O
Onça... 169

P

Papagaio 169
Pássaro 169
Pato 169
Pavão 169
Peixe/Vivo 169
Peru 170
Pombo 170
Porco 170
Pulga 170
Rã 170

R

Rato 170
Rinoceronte 171

S

Sapo 171

T

Tartaruga/Marinha 171
Tartaruga/Terrestre 171
Tatu 171
Tigre 172
Tubarão 172

U

Urso 172
Urubu 172

V

Vaca/Boi 173
Veado 173

Z

Zebra 173

O MUNDO E A NATUREZA 175

A

Arbusto 177
Areia 177
Árvore 177

C

Campo 177
Chuva 177
Colina 178
Cometa 178

E

Espinhos 178
Estrela 178

F

Flor 178
Folha 178

G

Gelo 179
Grama 179

I

Ilha 179

L

Lago 179
Leste 179
Lua 180

M

Mar 180
Montanha 180
Mundo/Globo Terrestre 180

N

Neve 180
Norte 181
Nuvem 181

O

Oeste 181
Onda 181

P

Pedra 181
Planta.. 181
Pó 182
Praia.. 182

R

Raio 182
Raiz 182
Ramo 182
Relâmpago 182
Rio 183

S

Selva 183
Sol... 183
Sul... 183

T

Tempestade..................................... 183
Tempo/Condição Atmosférica 183
Terra/Solo 184
Terremoto....................................... 184
Trovão.. 184

V

Vale.. 184
Vento 184

RELIGIÃO 185

A

Alma 187
Altar... 187
Anjo 187
Ascensão de Jesus 187
Ateísmo 188

B

Batismo (da igreja católica) 188
Batismo (da igreja evangélica) 188
Bênção... 188
Bíblia.. 188
Bispo.. 189
Buda 189
Budismo 189

C

Candomblé...................................... 189
Capela 189
Católico 189
Céu 190
Comunhão....................................... 190
Confissão.. 190
Contrição.. 190
Cristão 190
Cristianismo.................................... 190
Crucificação 191
Cruz 191

D

Decálogo/Dez Mandamentos 191
Demônio.. 191
Deus 191
Diácono 192
Doutrina 192

E

Esperança 192
Espiritismo 192
Espírito 192
Espírito Santo 192
Evangelho/Anunciar 193
Evangélico 193

F

Fé 193
Freira 193

G

Graça 193

H

Hinduísmo 193
Hóstia 194

I

Igreja 194
Imagem 194
Inferno 194
Islamismo 194

J

Jesus 194
José (Esposo de Maria) 195
Judaísmo 195
Judeu 195

M

Maria (Mãe de Jesus) 195
Medo 195
Milagre 196
Missa 196
Missão 196
Missionário 196
Mistério 196
Moisés 197

N

Natal 197

O

Ostensório 197

P

Padre 197
Papa 197
Páscoa 197
Pastor 198
Pastoral 198
Pecado 198
Profano 198
Protestante 198

R

Reencarnação 198
Reino 199
Religião 199
Ressurreição 199
Retiro 199
Rezar 199
Rosário 199

S

Sacramento 200
Sagrado 200
Santo 200
Seminarista 200
Sinagoga 200

T

Terço 200
Trindade 201

U

Umbanda 201

V

Vida Eterna 201

NOÇÕES DE TEMPO 203

Ordem de proximidade temática

Ano 205
Mês 205
Janeiro 205
Fevereiro 205
Março 205
Abril 206
Maio 206
Junho 206
Julho 206
Agosto 206
Setembro 206
Outubro 207
Novembro 207
Dezembro 207
Semana 207
Domingo 207
Segunda-feira 207
Terça-feira 208
Quarta-feira 208
Quinta-feira 208
Sexta-feira 208
Sábado 208
Dia 208
Meio-dia 209
Bom-dia 209
Diariamente 209
Hoje 209
Amanhã 209
Ontem 209
Anteontem 210
Manhã 210
Tarde 210
Noite 210
Meia-noite 210
Boa-noite 211
Hora 211
Minuto 211

Meia-hora 211
Que horas são? 211
Passado 211
Futuro 212
Nunca 212
Sempre 212
Já 212
Muito tempo 212
Pouco tempo 213
Eterno 213
Estações do ano 213
Primavera 213
Verão 213
Outono 214
Inverno 214

REGIÕES DO MUNDO 215

A
África 217
Alemanha 217
América 217
América Central 217
América do Norte 217
América do Sul 217
Antártica 218
Arábia 218
Argentina 218
Ártico 218
Ásia 219
Austrália 219
Áustria 219

B
Bélgica 219
Bolívia 219
Brasil 219

C
Canadá 220
Chile 220
China 220
Colômbia 220
Continente 220

E
Egito 220
Equador 221
Escócia 221
Espanha 221
Europa 221

F
França 221

G
Grécia 221

H
Holanda 222
Hungria 222

I
Índia 222
Inglaterra 222
Iraque 222
Irlanda 223
Israel 223
Itália 223

J
Japão 223
Jordânia 223

M
México 223

N
Nicarágua 224
Noruega 224

O
Oceania 224

P
Paraguai 224
Peru 224
Polônia 225
Portugal 225

R
Romano 225
Rússia 225

S
Síria 225
Suécia 225
Suíça 226

T
Turquia 226

U
Uruguai 226

V
Venezuela 226
Vietnã 226

ESTADOS DO BRASIL 227

A
Acre 229
Alagoas 229
Amapá 229
Amazonas 229

B

Bahia 229
Brasília 230

C

Ceará 230

D

Distrito Federal 230

E

Espírito Santo 230
Estado 230

G

Goiás 230

M

Maranhão 231
Mato Grosso 231
Mato Grosso do Sul 231
Minas Gerais 231

P

Pará 231
Paraíba 232
Paraná 232
Pernambuco 232
Piauí 232

R

Rio de Janeiro 232
Rio Grande do Norte 232
Rio Grande do Sul 231
Rondônia 233
Roraima 233

S

Santa Catarina 233
São Paulo 233
Sergipe 233

T

Tocantins 234

VESTUÁRIOS E ACESSÓRIOS 235

B

Batom 237
Boina 237
Boné 237
Brincos 237

C

Cadarço 237
Calças 237
Camisa 238
Capa de chuva 238
Cartola 238
Chapéu 238
Chinelos 238
Cinto 238
Colar 239

G

Galocha 239
Gravata 239
Guarda-chuva 239

L

Lenço 239
Luvas 239

M

Mala 240
Manicure 240
Meias 240

N

Navalha 240

O

Óculos 240

P

Paletó 240
Pente/Escova de cabelo 241
Perfume 241
Pijama 241
Pó facial 241

R

Rouge/Blush 241
Roupa 241

S

Saia 242
Salto 242
Sapato 242
Sobretudo 242

T

Talco 242
Tamanco 243
Traje 243

V

Vestido 244

ESPORTES E JOGOS RECREATIVOS 245

A

Aquático 247

B

Baralho 247
Basquetebol 247
Bilhar 247
Bola 247
Boliche 247

C

Campeonato 248
Ciclismo 248
Clube 248
Corrida 248

D

Dados 248
Dama 248
Dominó 249

E

Empate 249
Equitação 249
Esporte 249

F

Futebol 249

G

Gol 250
Golfe 250

J

Judô 250
Juiz esportivo 250

L
Luta de boxe 250

N
Natação 250

P
Pingue-pongue 251

T
Tênis 251

V
Voleibol 251
Xadrez 251

ATUALIDADES 253

A
Android 255
Aplicativo 255

C
Camfrog 255
Cd 255
Celular 255

D
Download 255
Dvd 256

F
Facebook 256

I
Imo 256
Instagram 256
Internet 256

N
Notebook 257

P
Pen drive 257

S
Site 257
Skype 257

T
Tablet 257
Twiter 258

W
Webcam 258
WhatsApp 258

Y
Youtube 258

ADJETIVOS 259

A
Aflito 261
Avaro/Avarento 261

B
Bem-Vindo 261
Bravo 261
Bruto 261

C

Caipira 261
Calmo 262
Calvo 262
Cego 262
Cheio 262
Coitado 262
Cômico/Comédia 262
Contente 263
Covarde 263

D

De graça/Gratuito 263
Doente 263

E

Elegante 263
Esperto 263

F

Fino 264
Fresco/Clima 264

H

Honesto 264

I

Importante 264
Impossível 264
Indiferente 264
Inútil 265

L

Louco 265

M

Maior/Grande 265
Malcriado 265
Malvado 265
Melhor 265

Mútuo 266

N

Nervoso 266
Neutro 266
Nu 266

O

Ocupado 266

P

Pegajoso 267
Perfeito 267
Pior 267
Pronto 267
Próximo 267
Rápido 268

R

Responsável 268

S

Safado 268
Só 268
Surdo 268

T

Teimoso 268

V

Vagabundo 269
Vaidoso 269

CORES 271

A

Amarelo 273

Azul.. 273

B
Bege 273
Branco 273

C
Cinza... 273
Cor de rosa..................................... 273
Cores 274

D
Dourado 274

L
Lilás... 274

M
Marrom.. 274

P
Prata 274
Preto... 274

R
Roxo 275

V
Verde 275
Vermelho 275

ADVÉRBIOS 277

A
Ainda 279
Ali 279
Antes 279
Aqui 279

Atrás 279

C
Como... 279

D
Dentro 280
Depois 280

E
Embora.. 280

L
Logo/Rápido 280

M
Mais... 280
Mais ou menos 280
Menos.. 281

O
Onde 281

P
Próximo 281

Q
Quando 281
Quantos... 281

LOCUÇÕES, CONJUNÇÕES E PREPOSIÇÕES 283

A
Ainda não 285

C
Com.. 285
Contra 285

D

De frente 285
Durante 285

E

Em direção a 285

M

Mas 286

O

Ou/Alternativa 286

P

Para baixo 286
Para cima 286
Para que 286
Porque 286

S

Sob 287
Sobre 287

PRONOMES 289

C

Cada 291

E

Ele / Ela 291
Eles / Elas 291
Esse / Essa 291
Este / Esta 291
Eu 291

M

Meu/Minha 292

N

Nada 292
Ninguém 292
Nós 292
Nosso 292

O

Outro 292

Q

Que 293
Quem 293

S

Seu 293

T

Todo 293

V

Vários 293
Você 294
Vocês 294

ANTÔNIMOS 295
Por ordem temática

Alegre 297
Triste 297
Alto 297
Baixo 297
Amigo 297
Inimigo 297
Áspero 298
Liso 298
Belo 298
Feio 298
Bom 298
Mau 298

Caro	299	Diferente	303
Barato	299	Largo	303
Certo	299	Estreito	303
Errado	299	Leve	304
Claro	299	Pesado	304
Escuro	299	Limpo	304
Comprido	300	Sujo	304
Curto	300	Longe	304
Depressa	300	Perto	304
Devagar	300	Molhado	305
Difícil	300	Seco	305
Fácil	300	Muito	305
Doce	301	Pouco	305
Amargo	301	Novo	305
Duro	301	Velho	306
Mole	301	Pálido	306
Forte	301	Corado	306
Fraco	301	Pobre	306
Gordo	302	Rico	306
Magro	302	Primeiro	306
Grande	302	Último	307
Pequeno	302	Quente	307
Humilde	302	Gelado	307
Orgulhoso	302	Raso	307
Ignorante	303	Fundo	307
Inteligente	303	Sim	307
Igual	303	Não	308

Este livro foi composto com a família tipográfica Avenir
e impresso em papel Offset 75g/m^2 pela **Gráfica Santuário**.